PHILOSOPHIE
DU DEVOIR

SELON

CICÉRON & SILVIO PELLICO

PAR

ANTOINE MOLLIÈRE

ANCIENNE MAISON BRIDAY

DELHOMME & BRIGUET, ÉDITEURS

Lyon
3, avenue de l'Archevêché, 3

Paris
13, rue de l'Abbaye, 13

1888

PHILOSOPHIE DU DEVOIR

OUVRAGES DU MÊME AUTEUR :

Des lois intimes de la société, nouvelle édition. Lyon, Delhomme et Briguet, 1885. 1 fort vol. in-8° . . **7 fr. 50**

Métaphysique de l'art, nouvelle édition. Lyon, Scheuring, imprimerie Louis Perrin, 1868. 1 vol. in-8°, papier vergé et teinté . . . . Epuisé.

De la Destinée humaine ou méditations sur la science des êtres et de leurs rapports. Lyon, 1873. 1 vol. petit in-12, papier vergé et teinté . . . . **2 fr.**

Le bon sens social, études de politique rationnelle. Lyon, 1874. 1 vol. in-12, vergé et teinté. . . . . **3 fr.**

Philosophie de la vieillesse selon Cicéron et Mᵐᵉ Swetchine. In-18, papier teinté. Lyon . . . . . . **1 fr. 50**

Du Visible et de l'Invisible, méditations philosophiques. 1 vol. in-18, papier teinté. . . . . **60 cent.**

PHILOSOPHIE
DU DEVOIR

SELON

CICÉRON & SILVIO PELLICO

PAR

ANTOINE MOLLIÈRE

ANCIENNE MAISON BRIDAY

DELHOMME & BRIGUET, ÉDITEURS

Lyon   **Paris**
3, avenue de l'Archevêché, 3   13, rue de l'Abbaye, 13

1888

PRÉAMBULE

~~~~~~~~~

Si les parallèles entre des écrivains qui ont traité la même matière sont incontestablement utiles au point de vue littéraire, ils le sont encore plus à celui des doctrines religieuses ou morales qui ressortent de ces œuvres. La comparaison met, en effet, mieux en relief leur valeur pratique à ces deux points de vue.

J'ai déjà usé de ce procédé dans mon opuscule de la Philosophie de la vieillesse selon Cicéron et Mme Swetchine. *Il a été assez favorablement accueilli par le petit nombre de lecteurs que préoccupent ces graves questions, pour que je l'emploie de nouveau au sujet de la présente Étude.*

Qu'est-ce que le Devoir, selon le même Cicéron et Silvio Pellico? Nous allons tenter de l'exposer. Nous espérons que ce modeste travail aura aussi bien servi que le premier la cause à laquelle de tout temps s'est vouée mon âme.

EXPOSÉ

DES

IDÉES DE CICÉRON

~~~~~~

Raisonnable mais passionné, réfléchi en même temps qu'enthousiaste, l'homme de tous les temps et de tous les pays a le double sentiment de la règle et de l'indépendance. Le charme austère de la beauté morale le conquiert, comme le charme séducteur de la beauté charnelle le fascine : en d'autres termes, il a l'attrait inné du bien et les coupables entrainements du mal. Cet état psychologique aide à comprendre la doctrine traditionnelle d'une déchéance primitive.

Toutefois, quelles que soient les subtilités intéressées

1*

de la passion, l'homme gravite, bon gré, mal gré, autour d'un centre vivant d'ordre suprême, que lui signale avec une heureuse importunité son intime conscience; et c'est ainsi que surnage, au-dessus des contradictions prétentieuses ou vulgaires, la notion de cette vérité morale qui s'impose à toute volonté saine, sous le nom vénéré mais redoutable de *Devoir*. Ce mot est comme la pierre de touche de la philosophie morale, et sollicite la pensée et le sentiment de toute âme sincère.

Aussi aurais-je voulu essayer moi-même d'en formuler les lois. Mais tant d'esprits divers en ont déjà discouru, qu'il m'a semblé préférable d'en parler par voie de comparaison, en mettant aux prises deux des plus forts champions dans ce combat pour la vie.... morale : tout en éliminant ces vils sophistes, anciens ou modernes, qui, sous prétexte de science, philosophique ou physiologique, ont tenté ou tentent encore de nier et la liberté et la responsabilité qu'elle entraîne. Ces contempteurs de l'ordre essentiel méritent-ils, en effet, l'honneur d'un examen rationnel et d'une réfutation sérieuse ?

Or, pour tous les philosophes qui savent l'histoire, celle-ci, dans l'ensemble de la civilisation la plus rudimentaire comme la plus haute, se divise en deux ères bien tranchées : l'ère *païenne* et l'ère *chrétienne ;* et, dans l'une comme dans l'autre, de beaux et glorieux esprits ont, pour l'honneur de la nature humaine, traité des règles du Devoir, telles qu'elles leur semblent résulter des doctrines qui ont généralement prévalu à ces deux grandes époques du monde. Entre ces deux codes de morale cependant, entre les vertus qu'ils inspirent et les vices qu'ils condamnent, il est des différences, des degrés, qui accusent le point de départ et le point d'arrivée, c'est-à-dire les tendances finales.

C'est ici le grand duel de la raison seule et de la raison assistée, duel courtois et chevaleresque, où, quelle que soit la différence des doctrines professées, le bénéfice de la bonne foi ne saurait être, en général, refusé de part ni d'autre.

Eh bien ! les deux tenants pour cette noble joute qui me semblent, entre tous, se présenter d'eux-mêmes à la pensée de tout lecteur instruit, ce sont :

Cicéron, esprit hors de pair, pour le monde païen ;
Silvio Pellico, âme doucement héroïque, pour le
monde chrétien. Tous les deux, en effet, ont disserté
sur cette grave matière ; tous les deux ont tenté, en
d'autres termes, d'élever et de réglementer les âmes ;
tous deux sont dignes d'être préférés pour cet inté-
ressant parallèle, duquel devra résulter, par là même,
la valeur relative des deux doctrines qui les ont ins-
pirés, et par conséquent des deux civilisations au sein
desquelles s'est écoulée leur glorieuse vie.

Mais avant d'ouvrir la lice à ces deux fiers chevaliers, il est évidemment nécessaire de préciser l'objet
du combat, sauf à déterminer ensuite le prix de la
victoire et les conséquences de la défaite.

Si le monde matériel manifeste et même impose
à nos regards charmés ses beautés et ses enchan-
tements, le monde intellectuel et moral, bien que
voilé à l'œil du corps, ne se révèle pas moins claire-
ment à l'œil de l'esprit, et surtout à celui du cœur, par
le langage qui est la forme extérieure et lumineuse
de tout être et de toute chose. Substantif, il les
nomme ; adjectif, il les qualifie ; verbe, il affirme ou

nie leurs rapports. Comme le Verbe éternel exprime
les personnes divines et leurs divines relations, ainsi
le verbe humain révèle, à qui veut réfléchir, et la
nature de l'homme et ses libres rapports dans l'ensemble des êtres.

Or, de tous les mots de notre belle langue, si riche
en étymologies, — cette raison d'être des mots, — il
n'en est point peut-être, métaphysiquement et morale-
ment parlant, de plus révélateur que celui de DEVOIR.

Evidemment infinitif du verbe *je dois,* il exprime,
sous sa signification substantive, la dette à son état
radical. Mais la dette, c'est le rapport de l'obligé envers qui l'oblige, du débiteur envers le créancier,
c'est-à-dire l'affirmation de la relation forcée de
l'homme avec un Etre plus riche, plus puissant que
lui, duquel, par conséquent, il relève, qui a droit sur
lui, Etre souverain, qui, Lui, ne saurait avoir de devoir, parce qu'il est, au contraire, le Droit absolu et
vivant, qui l'impose à tous et à qui revient tout devoir : devoir envers Lui et envers les hommes, envers
tous les êtres par rapport à Lui.

Ainsi, ce seul mot de Devoir, logiquement entendu, nous force de conclure à l'existence d'un Être supérieur à l'homme, manifeste la nature subordonnée de celui-ci et sa liberté responsable, affirme du même coup la loi qui le domine dans le temps et sa destinée au delà du temps. Car le temps, rapide et fugitif de sa nature, fait trop souvent ici-bas défaut à la justice essentielle.... Que de choses dans un simple mot !

Ce mot devoir, en italien *dovere,* l'emporte donc déjà sur l'*officium* latin autant que l'obligation morale sur l'acte qui doit la réaliser extérieurement : nuance linguistique, tout à l'honneur de nos deux langues modernes et chrétiennes, qui n'affecte pas, du reste, le fond des choses !

De cette généralité puissante se déduisent sans conteste toutes les obligations de cœur, d'esprit et d'âme, qui constituent les liens vénérables de la société universelle des êtres, sous la double sanction des expiations redoutables de la vie présente et des rétributions plus redoutables encore de la vie future.

A la théologie orthodoxe d'exposer celles-ci ; aux

philosophes moralistes de reconnaître le principe des unes et des autres.

La philosophie païenne et la philosophie chrétienne n'ont pas, l'une plus que l'autre, failli à cette tâche; mais chacune l'a fait avec les lumières et le sens moral qui lui sont propres. Et ce sera l'objet de cette étude comparative de les mettre en rapport par les théories que les deux éminents esprits nommés plus haut ont émises, l'un dans son *De officiis,* l'autre dans ses *Doveri degli uomini.*

Tout devoir est, de sa nature, rude à pratiquer; il y faut une sorte de contrainte, une énergie intime et permanente ou comme une paix armée; et c'est cette énergie latente ou en action qui constitue la vertu. Mais la vertu même a ses différents objets comme ses degrés différents à déterminer. Ainsi, un traité sur le devoir est-il, à plus strictement parler, un traité sur la vertu.

Pour apprécier la valeur morale des deux œuvres en question, il importe donc de les analyser rapidement. Le génie particulier de chaque auteur pourra peut-être en souffrir ; car bien des détails devront être négligés pour ne s'en tenir qu'à la précision des grandes lignes. Mais ce n'est que par un tel travail que nous pourrons bien dégager leur thèse générale, pour en estimer mieux la tendance et la fécondité. Du reste, nous obvierons à cet inconvénient en illustrant notre humble prose de nombreuses citations de chaque auteur.

Les idées de Cicéron se peuvent résumer en ces trois mots : l'Honnête, l'Utile et leurs rapports, leur accord ou leur antagonisme, en d'autes termes, les intérêts de la convoitise ou les noblesses de la conscience.

L'honnête, sans doute, dans sa signification la plus large, est l'expression la plus générale du Devoir, et par conséquent le caractère des actes auxquels est obligé ou desquels doit s'honorer tout honnête homme.

Mais, dans le paganisme, qu'était l'honnête homme ? Quels étaient et la règle et le but des actions ?.... Une sorte de moralité, instinctive plutôt que doctri-

nale, les formulait bien dans un ordre d'idées généralement saines; mais elle ne dépassait guère l'ho-
rizon de la vie présente et les exigences d'une civilisation purement terrestre. D'ailleurs, une bonté
d'âme, une générosité de cœur, une fierté de caractère, dont l'histoire ancienne enregistre de nombreux
et glorieux exemples, n'empêchaient pas l'honnête
homme d'alors d'admettre, par exemple, pour très
légitime le droit de vie et de mort du maître sur ses
esclaves, du père sur ses enfants ! « Comme si, fait
» justement observer notre Domat, la puissance que
» donne la qualité de maître et celle de père pouvait
» dispenser des lois de l'humanité. »

L'honnête homme du temps de Cicéron réunis-
sait-il pleinement ces contraires dans la pratique de
sa vie privée et publique ? Nous n'avons point à nous
en trop préoccuper. Nous nous plaisons même à
admettre qu'il se conformait assez, d'ordinaire, à
l'exemplaire de justice dont le philosophe romain va
tenter de nous tracer les lois. Mais il est bien évident
que si « les lois de l'homme, comme dit encore le
» grand juriste précédemment cité, ne sont autre

» chose que les règles de sa conduite.... cette con-
» duite, d'autre part, n'est autre chose que les
» démarches de l'homme vers sa fin. » Or, la fin de
l'homme, pour l'humanité, telle, pour parler comme
Bossuet, que la chute primitive et le paganisme l'a-
vaient faite, n'était guère précisée au delà du tombeau
que par des fables aussi peu redoutables pour le
crime que peu consolantes pour la vertu. Le devoir
n'était qu'une vague doctrine, relevant de la seule
estime ou du seul blâme des hommes et de la vin-
dicte de leurs lois ; et c'est de ce devoir ramené à de
si modestes proportions que le moraliste romain va
nous exposer les règles.

La loi romaine, avant comme après Cicéron, les
avait réduites à ces trois préceptes moraux si connus :
honeste vivere; alterum non lædere; suum cuique tri-
buere: vivre honnêtement ; ne léser personne ; rendre
à chacun ce à quoi il a droit. Ainsi parlait le Digeste,
répété plus tard par les Institutes. (ff, l. X ; Inst. 3.)

Quels vont être les moyens d'accomplir cette loi,
génératrice humaine de toute valeur morale ? Ces

moyens sont eux-mêmes des vertus. Cicéron, avec
son bon sens exquis et sa native droiture, va traiter
ce grand sujet en maître, disons mieux, en père; car
c'est à son fils Marcus qu'il adresse cette œuvre,
comme l'expression la plus haute de sa sollicitude et
de son affection paternelles.

C'est après une illustre vie, touchant à toutes les
extrémités de la fortune, et que devait terminer si
cruellement le crime des factions, que le vieux consulaire, reprenant noblement le cours de ses paisibles
et chères études, entreprend d'en faire bénéficier son
fils et même, ce qu'il n'eût guère supposé à ce degré,
la postérité la plus lointaine.

Rien, selon lui, dans la vie, soit privée, soit publique, ne peut se passer du Devoir : *Nulla enim....
vitæ pars.... vacare officio potest.*

Mais la notion juste du Devoir, dit-il, dépend
évidemment des doctrines; et, si l'on peut ainsi parler, il y a deux doctrines, celle de l'utile et celle de
l'honnête : l'une, qui fait les vicieux, l'autre, les ver-
tueux ou du moins les honnêtes gens.

Aux philosophes seuls qui professent la seconde,

de formuler les véritables règles du Devoir. Ce sont, dit-il, les stoïciens, les académiciens et les péripatéticiens. Cicéron prend alors pour guides les premiers, en produisant toutefois, chose à remarquer, leurs décisions, non en simple interprète, mais en libre appréciateur. Plus bas même, au livre II, il sera encore plus explicite sur sa propre doctrine morale; il ira jusqu'à dire qu'il est en dissentiment avec ceux qui, en fait d'opinion, affirment la certitude des unes et l'incertitude des autres; et que, quant à lui, il ne voit en tout que du probable et de l'improbable. Or, si pour préciser le Devoir, l'affirmer et surtout l'accomplir, il n'y a de choix qu'entre le probable et l'improbable, il faut bien reconnaître que cela manque quelque peu de doctrine et de puissance sur les âmes; et nous ne comprenons pas bien que notre philosophe puisse dire qu'il prend pour guides les stoïciens, assurément plus affirmatifs que lui.

Mais, quelle que soit cette sorte de demi-pyrrhonisme sur la certitude, exposons les idées du moraliste païen sur le Devoir sans trop regarder à leur base logique.

En toute étude, dit-il d'abord avec grand sens, il faut commencer par la définition de l'objet dont on prétend traiter ; et les devoirs étant, selon lui, dans leur essence, ou parfaits ou moyens, il les définit ainsi : les premiers ne sont autre chose que l'acte d'équité évidente ; les seconds, l'acte de raison probable : définition qui, par parenthèse, jure assez singulièrement avec son méticuleux probabilisme.

La question du Devoir se divise naturellement, selon lui, en deux parties ; dans l'une il s'occupe de la nature des biens et de leurs fins ; et dans l'autre, des préceptes auxquels, pour être dans l'ordre, il faut conformer tous les actes de sa vie. Selon les doctes guides de notre auteur, trois questions sont à résoudre pour celui qui, dans son action, veut suivre la voie droite du Devoir. L'action est-elle honnête ou honteuse ? Est-elle utile ou non ? Et que résoudre si l'honnête est en opposition avec l'utile, ou réciproquement ? Mais Cicéron renchérit encore ; il veut qu'on se demande non seulement si elle est honnête, mais si elle est plus honnête ; si elle est utile, mais encore plus utile ; et qu'on ne conclue qu'après avoir résolu ces quatre questions. C'est évidemment relever d'un cran la mesure de la moralité humaine; mais ce n'est toujours, et dans l'ordre simplement probable, que de la moralité humaine : nous le verrons bien plus tard.

Cela posé, le philosophe romain entre en matière :

Tout être animé, dit-il, aspire à son bien-être propre; puis à son union avec son semblable pour se reproduire, se perpétuer, se survivre; mais tout cela dans l'humble milieu des sens et du présent. L'homme seul, continue-t-il, grâce à sa raison, recherche les origines et les causes, vit dans l'avenir comme dans le passé, « aux choses présentes joint et rattache les » choses futures, » prévoyant ainsi et ressentant l'invincible attrait de la sociabilité des esprits en même temps que celle des corps. De là ses soins à pourvoir aux besoins des siens : femme, enfants, amis, et son activité appliquée à ces soins. De là surtout ses persévérants efforts à rechercher et découvrir la vérité, l'ordre, la beauté, et à les reproduire dans ses actions, à éviter et à fuir leurs contraires, c'est-à-dire le vil, le honteux, en un mot à réaliser librement ce que nous appelons l'honnête, « lequel, encore qu'il ne fût » loué par personne, nous estimons être essentielle-» ment louable. » C'est la forme et figure de l'honnête, qui, si l'on pouvait le voir, s'il tombait sous les sens, exciterait, au dire de Platon, « de merveilleux transports d'amour. » *Mirabiles amores*, traduit Cicéron. C'est plaisir d'entendre ces nobles païens parler ainsi.

Or, cet honnête, qui est ainsi une vraie beauté morale passionnant les âmes, découle de quatre sources, à savoir : la *prudence*, la *justice*, la *force* et la *tempérance*.

De la première résulte l'intelligence de la règle morale ; des trois autres, l'action, et par conséquent le nerf de la volonté intelligente. Mais pour que la première, la prudence, soit pratiquée utilement, il faut qu'elle tende au vrai moral, avec une ferme répulsion de toute erreur, une aversion résolue pour

toute ignorance. Et pour cela elle devra éviter deux
défauts : l'un, de prendre imprudemment pour con-
nues des choses inconnues ; l'autre, de s'appliquer à
l'étude de choses obscures, difficiles et sans utilité
pour la gouverne de la vie.

⚜

Passant à la seconde source du Devoir, la justice,
Cicéron dit très sagement : « qu'elle est le plus splen-
» dide éclat de la vertu ; que c'est elle qui désigne les
» honnêtes gens ; qui rend possible et harmonieuse
» la société entre les hommes par son complément,
» la bienfaisance, qu'on peut appeler encore bonté ou
» libéralité, et dont il parlera plus spécialement à la
» fin de son œuvre. »

La propriété étant l'objet principal des actes justes
ou injustes, il est naturel qu'ici Cicéron en ébauche
en quelques mots la théorie. Selon lui, il n'y a point
de biens particuliers de nature. La propriété résulte
de la longue occupation ou de la conquête, d'abord ;
puis survient la loi, le pacte, avec ses conditions

précises ou aléatoires. Celui donc qui attaque la propriété viole le droit de l'homme et de la société humaine. Mais comme, dit-il avec Platon, nous ne sommes pas nés pour nous seuls, nous devons, par un échange de services : talents, travaux, facultés, tendre à établir des liens de plus en plus étroits entre nous. La bonne foi, d'autre part, est le fondement de la justice, comme la cupidité est le principe de son contraire, c'est-à-dire de toute violation du droit.

Pour le désir et l'usage des richesses, ou de la propriété pleinement acquise, quelle sera, selon lui, la règle, au point de vue du Devoir ? On les désire, dit-il, soit pour les besoins de la vie, soit pour les plaisirs, soit pour satisfaire ses aspirations d'ambition et de grandeur, en un mot, ses passions. César, qui dans l'intérêt de son ambition a perverti tous les droits divins et humains, en est, dit-il, un éclatant exemple. C'est, ajoute-t-il, le propre écueil des âmes et des intelligences supérieures de subir les fascinations des honneurs, de la puissance et de la gloire. A ces natures d'élite de veiller à ne s'y point heurter, à n'y point sombrer.

2

Pour les injures reçues, il se contente de dire très peu
généreusement que la vengeance et la punition doivent avoir des bornes. Mais, quant à la guerre, il
insiste très sagement pour la légitimité des causes et
l'humanité des procédés. Enfin, d'après lui, la justice
exige la fidélité au serment, même envers l'ennemi,
même envers l'esclave.

Ici se place, comme moyen du Devoir, la bienfaisance, que notre auteur nous a dit plus haut déjà
être comme une dépendance de la justice. Elle doit,
en effet, régler les actions de l'honnête homme, de
façon à proportionner le bien qu'on fait à ses facultés
et au mérite comme aux besoins de ceux qu'on admet
à en bénéficier.

C'est très bien assurément, dirons-nous ; mais où
trouver en tout cela la large place que la morale
chrétienne fait au devoir de dévouement et de
sacrifice de soi-même au prochain, *proximus,* mot
charmant, inconnu au paganisme comme la chose
qu'il exprime ? La bienfaisance païenne n'est, Cicéron
lui-même vient de le dire, qu'une dépendance de la

justice ; l'amour donc n'y est pour rien ou peu de chose, en ce monde dévoyé que déshonore l'esclavage. Aussi cette auxiliaire de la justice y est-elle stricte comme elle, c'est-à-dire correctement froide, simplement généreuse, quand elle n'est pas neutralisée par l'égoïsme et la paresse.

Mais les devoirs se diversifient selon les divers ordres sociaux. La saine politique reconnaît ces trois ordres : la famille, la patrie et le monde ou l'humanité. Pour le païen, l'esclavage avait évidemment supprimé le troisième. Cicéron n'expose donc que les deux autres espèces de devoirs, il est vrai, en philosophe sensé, en citoyen tout pénétré de respect et d'admiration pour ces grandes races et ces traditions augustes, d'où sortait comme un flot continu de héros et de patriotes glorieux. Famille et cité, tout est là, semble-t-il, pour lui : le mariage surtout, les « justes noces, » qui, par leur pureté et leur fécondité premières, furent le principe et la source des grandes mœurs et des prospérités inouïes de la société romaine. Toutefois, à ses yeux, le plus beau des liens *(præstantius)* et, par conséquent, celui d'où résulte le plus doux des devoirs, c'est l'amitié entre gens de bien. Rien de plus aimable *(nihil amabilius)*, rien de plus unissant *(copulatius)* que la similitude de mœurs qui les rapproche. Ce sont les mêmes études, les mêmes volontés, les mêmes puissances. Aussi rappelle-t-il ce mot de Pythagore, qu'en amitié un seul être résulte de plusieurs. Ce qui lui donnerait même le pas sur l'amour, qui ne produit son unité qu'à deux.

Et cependant, pour ce vrai Romain, l'amour de la république prime, absorbe en lui tous les autres : père, mère, femme, enfants, amis, tout passe après Rome, la patrie divinisée.

L'auteur expose les divers devoirs que la justice prescrit naturellement envers tous les hommes, et l'ordre de préférence à garder dans leur accomplissement : ajoutant, avec grand sens, que l'on peut bien tracer les formules des devoirs, mais que l'important réside surtout dans leur pratique, dans l'action.

Quant aux actes héroïques, ils relèvent, selon lui, avant tout de la *force*, troisième principe de l'honnête, à ce degré où il mérite les honneurs publics de la patrie et commande l'admiration du monde. Pour cela cependant, il entend que l'acte héroïque ait pour objet la justice, le salut commun, et non l'intérêt ou l'avantage du héros ; il corrobore enfin son affirmation par cette admirable définition que les stoïciens ont donnée de la force et du vrai courage : *une vertu armée pour l'équité*. Mais, hélas ! l'ambition souvent entraîne aux excès égoïstes les puissants de la terre. Selon Cicéron, l'âme vraiment grande ne doit rien admirer, ni désirer, ni rechercher, que ce qui est beau et honnête. Deux choses la caractérisent : le mépris des biens ou des dangers extérieurs, et cette force intime qui la porte aux actions les plus hautes, les plus utiles et non les plus glorieuses. Il expose, à ce point de vue supérieur, les devoirs de la vie publique et leur nature variée.

De ces grands citoyens, les uns, dit-il, servent la patrie dans ses magistratures, les autres dans les travaux de la pensée ; et, comparant ces services dans Thémistocle et Solon, comme les deux types les plus

2*

opposés, il les résume en ces simples et si justes mots : « Le premier a servi un jour la patrie ; le second l'a servie toujours. » Tant le *mens agital molem* préoccupait déjà ce grand esprit !

Toutefois, bien que ce soit de la force de l'âme qu'il s'agisse ici, et non de celle du corps, il entend qu'on soigne et développe celle-ci de telle sorte qu'elle soit toujours en mesure d'obéir pleinement à celle-là, d'exécuter les actes difficiles, souvent extraordinaires, qu'elle pourra commander. Mais l'honnête, que l'auteur cherche à faire prévaloir, résidant avant tout dans l'action de l'esprit et de la pensée, les magistrats civils ne sont pas à ses yeux d'une moindre utilité que les chefs militaires ; doctrine qu'il confirme par de beaux exemples tirés de l'histoire de sa chère Rome.

Nobles sont les sentiments exprimés par l'auteur à propos des violences injustes, des cruautés de la guerre ; non moins nobles, à propos des timidités, des lâchetés qu'elle peut inspirer aux âmes moins bien trempées.

Quant aux vertus de l'homme public, il en parle

en homme qui les a fièrement pratiquées, exigeant
de celui qui a choisi cette voie ardue un entier dévouement à la patrie, et non aux partis quels qu'ils
soient ; lui enseignant qu'il se doit à elle corps et
âme, que richesse ni puissance ne doivent le séduire
ni le distraire de l'obligation qui lui incombe de sauvegarder l'ordre public jusque dans la personne et les
intérêts du moindre de ses concitoyens. Dans ce noble
but, il entend qu'à la clémence soit unie la sévérité,
« sans laquelle, dit-il, une cité ne peut être bien
» administrée; » mais il interdit absolument la colère
au magistrat qui punit.

Enfin Cicéron traite de cette tempérance qu'il
nomme encore modestie, modération, bienséance,
décence, et qui est la quatrième manifestation du
Devoir.

« Elle se confond, en quelque sorte, ajoute-t-il,
» avec toute vertu. De même, en effet, que la beauté
» du corps attire les regards et les charme par l'ac-
» cord de toutes ses parties avec un certain exem-
» plaire de perfection physique, ainsi cette décence,

» qui brille dans la vie d'un homme, provoque l'ap-
» probation de ceux avec qui il vit, par l'ordre, la
» constance et la sage réserve de toutes ses paroles et
» de toutes ses actions. »

Le Devoir qu'impose cette bienséance tend au respect et à l'observance des lois de la nature ; elle doit
tout régler, le mouvement du corps comme l'activité
de l'esprit, la raison de celui-ci comme les appétits
de celui-là.

Selon le moraliste païen, tous ces appétits doivent
être comprimés, calmés, surveillés avec un soin constant, afin qu'aucune action ne nous échappe hasardée,
inconsidérée, exécutée mollement. Pour bien juger
du Devoir, dit-il, il importe de ne jamais perdre de
vue et la nature de l'homme, et sa supériorité sur
celle du simple animal. A celui-ci le bien-être et le
plaisir sensuel, à l'homme les joies de l'intelligence
et de la vertu ; à l'un l'instinct qui le domine, à l'autre
la liberté qui le gouverne. Et c'est pour cela que la
brute se satisfait cyniquement, tandis que le dé-
bauché, en s'enveloppant de mystère, rend, a-t-on dit
très justement, par la honte qu'il s'inflige, un dernier

hommage à la vertu qu'il déserte. Du reste, les hommes sont diversement doués. Que chacun donc suive, si elle n'est toutefois vicieuse, sa propre nature.

Mais, pour bien accomplir le Devoir, le choix de la carrière importe fort, et « ce choix est de tous le » plus difficile.

» La plupart, pénétrés de respect pour leurs pa-
» rents, se laissent entraîner dans l'ornière des habi-
» tudes et des mœurs de ceux-ci. Les autres suivent
» les sentiers battus. D'autres enfin, soit heureuse
» impulsion de la destinée (?), soit bonté naturelle,
» soit sages conseils, suivent le droit sentier de la
» vie. »

Et « cette différence des natures a une telle force
» que parfois l'un *doive* (1) se donner la mort, et que
» l'autre, en de pareilles circonstances, doive s'en
» abstenir. » Mais les plus rares sont ceux qui, doués

---

(1) *Doive !* Singulière morale, en vérité, légitimant le suicide, comme elle fera plus loin du tyrannicide, l. III, c. vi.

d'une haute intelligence et préparés par une éducation supérieure, ont eu ou ont pris le temps de sérieu-
sement choisir la voie réclamée par leurs aptitudes
natives.

Sur cet important sujet, Cicéron nous expose très
bien les puissances, les tendances naturelles dans le
jeune homme et les légitimes influences qui peuvent
l'aider dans ses déterminations ; mais a-t-il un mot,
un seul mot, pour signaler cette intervention mystérieuse que nous nommons *vocation,* action qui vient
d'en haut comme un devoir imposé, et qui joue
un si grand rôle dans la vie de l'individu et dans les
destinées des peuples chrétiens ? L'humain, l'humain
seul ; tel nous apparaît toujours l'humble idéal
païen.

Poursuivant ses modestes prévisions sur l'avenir
de chacun, le sagace auteur explique à la jeunesse
romaine que les devoirs qui l'attendent sur la route
de toute existence varient encore selon les âges et les
positions qui lui doivent échoir. Il entend que les
jeunes soient déférents, réservés, laborieux et patients,

pour qu'ils puissent convenablement remplir les fonc-
tions qui leur seront confiées, soit à la guerre, soit
dans les magistratures civiles. Et dans leurs délasse-
ments nécessaires, ils devront encore redouter l'in-
tempérance, garder la pudeur et se plaire avec leurs
aînés dans la vie.

Pour ceux-ci, il faut que leurs soins passent du
corps à l'esprit ; qu'ils soient secourables à la jeunesse,
aux amis, à la patrie, et qu'ils se défient de l'oisi-
veté, de la paresse languissante et de la débauche,
qui, « honteuse à tout âge, est répugnante dans la
vieillesse. »

Autres sont les devoirs des magistrats, ceux des
simples citoyens et ceux des étrangers. Le magistrat
n'oubliera jamais qu'il est le vivant honneur de la
république *(se gerere personam civitatis)*, l'homme
de la loi et des droits des citoyens. Le simple citoyen
sera respectueux de cette loi et de l'équité envers ses
concitoyens ; il sera passionné pour le bien et
l'honneur de la république. Quant à l'étranger, il n'a
à s'occuper que de ses affaires, non de celles des

autres et surtout de celles d'une patrie qui n'est pas la sienne (1).

Mais l'homme a aussi des devoirs de bienséance et de respect envers lui-même. Quant à son corps, d'abord, à son maintien, ses mouvements, son vêtement, que de choses à dire ! Tout y devra tendre à plaire à ceux avec lesquels il vit. Pour cela, une scrupuleuse pudeur devra être observée, malgré les excitations éhontées des cyniques. « Pour nous, dit-il, suivons » la nature et fuyons tout ce qu'abhorrent nos yeux » et nos oreilles. » Suivent de sages règles de tenue et de convenance dans les relations sociales.

Quant au langage et aux discours, l'auteur, ici sur son terrain, signale les devoirs qui les régissent dans la vie privée comme dans la vie publique. Pleins de gravité dans les choses sérieuses, de grâce dans les choses plaisantes, de dévouement dans les délibéra-

---

(1) Nous avons bien changé tout cela. Les Génois, les Badois, les Polonais, les Anglais, ont, de par l'engouement populaire et l'influence des sectes internationales, usurpé chez nous le droit de cité et jusqu'au gouvernement de la chose publique.

tions qui ont pour objet les intérêts de la patrie, le langage et les discours ne devront jamais servir à l'expression de passions injustes ou désordonnées, et de ces vilenies que répudie la plus vulgaire pudeur.

Il n'est pas sans intérêt, au point de vue des convenances morales et du devoir, de savoir aussi ce que pensait Cicéron des arts et métiers, et des gains qu'ils procurent. Or, ce républicain, qui, du reste, n'est point démocrate, les juge singulièrement du haut de sa toge consulaire. A ses yeux, tous les métiers des artisans sont bas et serviles; le travail manuel et mercantile est indigne d'un homme; le commerce en petit est chose ignoble: en grand, il n'a rien de répréhensible, s'il est fait honnêtement; mais le mieux pourtant, fortune faite, sera toujours de passer du magasin ou du port à la noble vie des champs; car, selon lui, en tant que convenance, que bienséance et qu'honnêteté en une certaine mesure, rien n'est mieux que le travail des champs; rien de plus fructueux, de plus doux, de plus digne de l'homme libre, qu'une telle vie. Est-il besoin de rappeler ici les divines paroles du Christ à propos de tous les genres de travaux : « Venez à moi, vous tous qui travaillez et êtes chargés, et je vous relèverai ? »

Ainsi, selon l'illustre Romain, des quatre sources de l'honnête découlent de nombreux devoirs : les uns procédant de la prudence ; les autres, de la justice ; ceux-ci, de la force magnanime ; ceux-là, de la modération ou tempérance. Mais, quelles que soient leur valeur, leur supériorité ou leur infériorité relatives, de l'avis du moraliste païen, les devoirs de justice dominent tout, « parce que, dit-il, ils concernent plus spécialement la société du genre humain. »

Il n'entend pas néanmoins méconnaître pour cela l'importance et l'utilité des autres devoirs. Il en est même qui passent avant le dévouement à la patrie, à la société humaine elle-même ; ce sont ceux qui ont trait à l'intégrité et à l'honneur de la personne. Il est des actes, en effet, tellement criminels, « que l'homme

» ne saurait les accomplir, le salut même de la patrie
» en dût-il dépendre (1). »

Mais quelque honnête et pure, en général, que soit
jusqu'ici la théorie de Cicéron, on ne voit pas que le
devoir y soit prescrit pour le respect et l'amour de
Dieu, vivant principe cependant de toute vertu, de
tout bien, souverain Bien lui-même. Nous l'avons
déjà dit, mais on ne saurait trop le faire remarquer,
ce ne sont, semble-t-il, à quelques exceptions près,
que devoirs humains, que vertus humaines. Aussi,
dans le plus grand nombre des cas, le sacrifice y fait-il
défaut ; rien qui parle hautement et victorieusement
au cœur, rien qui enlève l'homme au-dessus du

(1) Ainsi parle Cicéron, ce républicain de forte trempe, mais,
avant tout, âme noble et fière.

Et cependant, de notre temps, en 1848, près de vingt siècles
plus tard, un général républicain, au demeurant fort honnête
homme, grand citoyen même, digne recrue du bataillon de
Plutarque, a cru pouvoir aller jusqu'à dire, à propos des luttes
politiques : « C'est à cette lutte que nous sommes décidés à livrer
» tout ce que nous pouvons lui livrer, notre responsabilité, notre
» repos, *notre honneur même!!!* » (*Moniteur universel*, 3 sep-
tembre 1848, p. 2281.) Etrange fanatisme politique!

niveau terrestre jusqu'au trône du grand juge des consciences, du tendre père des âmes.

❧

Après avoir déterminé en principe les devoirs, l'auteur se propose de les apprécier plus spécialement dans leurs rapports avec les manières d'être qu'imposent les différents états de la vie : richesses, honneurs, pouvoir.

Mais avant de poursuivre en ce sens, il tient à dire que l'œuvre de philosophie morale, qu'il est en train de terminer, n'est pour lui qu'une sorte de pis-aller ; que si, en effet, la république, objet de son ardent amour, fût restée florissante entre de dignes mains, « tous » ses soins, toutes ses pensées eussent été pour elle ; » mais qu'aujourd'hui, tombée qu'elle est aux mains » de gens plus passionnés encore de destructions que » de changements [1], le retour à de telles études est, » au contraire, un devoir. »

---

[1] .... *in homines, non tam commutandarum rerum, quam evertendarum cupidos.* L. II, c. 1.

C'était, hélas ! alors à Rome comme aujourd'hui chez nous.

Aussi, en revenant à la philosophie, cette passion de sa jeunesse, devenue le refuge de son âge mûr, s'écrie-t-il : « Par les dieux immortels ! quoi de plus » désirable que la sagesse ! Quoi de plus élevé ! Quoi » de meilleur pour l'homme ! Quoi de plus digne de » lui ! » Pourquoi ne dit-il pas : « et de Dieu ? » Cela n'eût-il pas complété sa première et si belle exclamation ?

« Mais, ajoute-t-il avant de poursuivre, de doctes » et d'érudits personnages vont me demander si, » après avoir nié qu'on puisse rien concevoir de cer- » tain, j'ai la prétention de disserter de toutes choses » et de continuer maintenant même à préciser les » préceptes du devoir. »

Assurément l'objection n'est pas sans valeur, et nous avons dit plus haut ce qu'il fallait en penser. Mais le bon sens l'emporte sur le système ; et l'auteur n'en poursuit pas moins l'exposé d'une doctrine assise sur une base à ses yeux si peu sûre.

Il constate d'abord l'antagonisme, si généralement affirmé, entre l'honnête et l'utile, et le nie absolu-

ment. « Car, dit-il, tout ce qui est juste est en même
» temps utile. D'où il résulte que ce qui est honnête
» est par là même utile également. »

Oui, lui répondrons-nous toujours, s'il y a deux
vies pour l'homme, l'une présente et l'autre future,
qui se complètent en s'équilibrant ; mais cela est plus
que contestable s'il n'y en a qu'une, la présente, où
l'injustice, la souffrance imméritée et surtout le martyre restent sans réparation ; et l'aspiration légitime
au bonheur, indignement déçue.

Il passe de là à sa théorie du développement de la
civilisation par l'action de l'homme ; et de ce que les
dieux ne sauraient nous être nuisibles, il conclut très
sagement que c'est de la perversité humaine que
vient l'obstacle. Entre l'aide réciproque et l'hostilité
intéressée des hommes oscille ainsi la civilisation humaine.

La vertu consistera donc à réprimer les mouvements déréglés de l'âme et à soumettre les appétits
au joug de la raison. De là découlent de graves pensées, formulées souvent en fortes maximes, telles que
celles-ci : « Les choses sont en un triste état lorsque

» ce qui se doit faire par la vertu est tenté par l'ar-
» gent ... Personne ne peut être juste qui craint la
» mort, la douleur, l'exil, la pauvreté, ou qui préfère
» tous leurs contraires à la justice. »

Or, pour régler les choses sociales il faut nécessairement des lois. Et ces lois présupposent un législa-
teur.

« La même cause, dit-il, qui fit établir ces lois fit
» donc constituer les rois eux-mêmes. Toujours
» l'homme a recherché l'équité : sans elle, le droit
» lui-même serait-il ? » S'il l'avait obtenu d'un
homme juste et bon, il s'en fût contenté. « Mais
» comme cela était rare, les lois furent inventées,
» qui avec tous parlassent toujours d'une seule et
» même voix. Il est évident que ceux qui sont d'or-
» dinaire choisis pour commander sont estimés grands
» justiciers par la multitude.....

» Que celui donc qui veut acquérir une vraie gloire
» s'acquitte avec zèle du ministère de la justice. »

Maintenant, comme le principal ressort du devoir

social est dans le cœur, l'auteur revient à nous
parler de la bienfaisance ou libéralité, qu'il dit être
le complément de la justice, et qu'il a renvoyée à
la fin comme pour être le couronnement de son
œuvre.

« Elle s'accomplit, dit-il, de deux façons : ou par
» le service cordialement rendu, ou par l'argent libé-
» ralement donné aux indigents. La seconde façon est
» plus facile, aux riches surtout. La première est
» plus large, plus splendide, plus digne de l'homme
» courageux et distingué. Bien qu'en effet en ces
» deux formes brille une volonté libérale, cependant
» l'une sort plutôt de la bourse, et la seconde, de
» l'âme. »

C'est toujours la vertu assurément, mais vertu toute
pour les hommes et vide de toute tendance supérieure,
de tout amour pour Dieu.

Poursuivant l'exposé de ses règles de généreuse
pratique de la vie : « Autant, dit-il, il convient
» d'être magnifique quand on donne ; autant,
» quand on exige, faut-il ne pas être acerbe,
» mais équitable, mais facile. Quant à celui qui

» administrera la république, sa bienfaisance sera
» avant tout de la justice ; il devra rendre à chacun
» selon son droit et ne point enrichir l'Etat des
» biens des particuliers. Ce fut donc, ajoute-t-il, une
» proposition pernicieuse que celle d'une loi agraire
» par le tribun Philippus. C'était tendre, en effet, à
» la chimérique théorie de l'égalité des fortunes, la
» plus grande peste, selon lui, qui puisse désoler un
» Etat. Car si c'est par une loi de nature que les
» hommes se sont réunis en société, c'est aussi dans
» l'espérance de la conservation des biens pour cha-
» cun que les villes se sont constituées à l'état de
» force défensive.... »

Il recommande aussi à ceux qui gouvernent d'être
ménagers des impôts, qui ne doivent être exigés que
pour le cas de nécessité et de véritable intérêt public.... « Ceux qui veulent se rendre populaires, dit-
» il, tentent ou les lois agraires qui dépouillent le
» possesseur de son bien, ou celles qui abolissent les
» dettes ; les unes et les autres ébranlent jusqu'aux
» fondements de la république. »

Et pour mieux faire comprendre ces grands devoirs

politiques, il se plaît à rappeler les nobles exemples
de désintéressement des Scipions, des Mummius et
des Paul Emile.

❀

L'auteur traite ensuite de l'utile, de ses différents
degrés et de son rapport avec l'honnête. Et voici
l'opinion de ce ferme esprit sur la comparaison de
l'un avec l'autre : « Ne vous demandez pas si l'utile
» n'est pas préférable à l'honnête. Comparer seule-
» ment ces choses et en douter est très honteux.
» C'est pourquoi, pour que nous puissions en décider
» sans erreur, quand ce que nous jugeons honnête
» semblera paraître en opposition avec ce que nous
» jugeons utile, formulons une règle pour la compa-
» raison des choses ; et, si nous la suivons, nous ne
» dévierons jamais du sentier du devoir. Cette règle
» sera simplement conforme aux principes et à la dis-
» cipline des stoïciens que nous suivons dans ce traité.
» Pourtant, ajoute-t-il avec son probabilisme quelque
» peu sceptique, notre Académie nous laisse pleine

» liberté d'adopter toute opinion qui nous paraît la
» plus probable.

» Revenons toutefois, poursuit-il, à la question, à
» notre règle : dépouiller quelqu'un de sa chose et
» par là même augmenter son propre bien-être au
» préjudice de celui-ci, est un acte plus contraire à
» la nature que la mort, que la pauvreté, que la dou-
» leur, que tout ce qui peut survenir de misères cor-
» porelles ou de maux extérieurs; car cet acte attente
» à toute relation, à toute société humaines. Et quand
» on a dit qu'il est licite de se prononcer pour les
» moindres maux *(minima de malis)*, c'est-à-dire pour
» le honteux plutôt que pour le calamiteux, est-ce
» qu'il y en a un plus grand que le honteux? Que si
» la difformité du corps a quelque chose qui blesse les
» regards, à combien plus forte raison doit-il en être
» de celle de l'esprit, que la dépravation déshonore. »

Toutefois il est évident qu'il ne s'agit ici que du
mal moral et non des maux physiques ou corporels,
au sujet desquels il est d'un sage de suivre au contraire la règle en question. Mais à ceux qui pré-
tendent qu'une chose qui est très utile devient par

là même honnête, Cicéron répond très justement :
« qu'elle est honnête et ne le devient pas ; car une
» chose qui n'est pas honnête ne saurait être utile ;
» et, si elle est honnête, ce n'est point parce qu'elle
» est utile, mais elle n'est utile que parce qu'elle
» est honnête. » Il cite à ce propos Régulus et s'écrie :
« Quoi de plus louable ! Quoi de plus grand qu'un
» tel exemple de fidélité à la parole donnée ! » Nous
partageons certes cette admiration. Et cependant
sur cette question nous ne saurions trop rappeler
ce que nous avons dit déjà de la nécessité de la foi
aux deux vies. En dehors de cette foi, la vertu, toute
digne de louange, tout admirable qu'elle soit, serait-
elle autre chose qu'une sublime duperie, si elle
n'était plutôt un énergique instinct de la nature,
protestant à sa manière contre les aberrations de la
pauvre raison humaine.

Mais qu'est aux yeux de notre auteur cette question prosaïque de l'utile « en regard, dit-il, de la dé-
» cence, de la modération, de la modestie, de la
» réserve et de la tempérance ? Quelle chose peut être

» utile qui soit contraire à ce chœur de telles vertus?
» Et cependant, nous dit-il encore, les disciples d'Aris-
» tippe, qu'on appelle Cyrénéens et Annicériens,
» n'ont reconnu d'autre bien que la volupté, la vertu
» n'étant louable à leurs yeux que parce qu'elle en est
» la cause efficiente. Après lui florit Epicure, qui sou-
» tint et même aggrava cette erreur. Avec ces hommes,
» ces brutes, pour mieux dire, il faut se servir de
» toutes armes pour sauvegarder l'honnêteté et lui
» rester fidèle. Si, en effet, comme l'affirme Métro-
» dore, le bonheur complet, et non la simple utilité
» de la vie, réside dans la bonne et durable constitu-
» tion du corps, certes une utilité semblable, capitale
» selon eux, se trouvera naturellement en opposition
» avec l'honnête. Car quelle action alors restera à la
» prudence? Sera-ce de rechercher avidement tous
» les genres de plaisir? Quelle misérable condition
» pour la vertu d'être ainsi au service de la volupté!....
» Sera-ce de choisir ces choses avec intelligence?
» J'accorde, poursuit-il, à ces prétendus philosophes
» qu'il n'y a rien de plus agréable ; que peut-on sup-
» poser de plus honteux? »

Voilà la théorie du devoir, en d'autres termes, la grave doctrine de la vertu, telle que l'a pu concevoir et formuler un des esprits les plus honnêtes et les plus distingués de l'antiquité païenne. Sans doute il faut lui savoir gré d'avoir, au sein de la perversion finale de la vieille idolâtrie, su discerner en lui-même et cultiver en ses lecteurs ces germes de vertus privées et publiques qui seront toujours l'honneur de l'humanité. C'était là comme une intime végétation, que, nonobstant la déchéance originelle, recélait l'âme du grand moraliste, végétation aux fleurs pâles et de faible parfum, aux fruits âpres ou étiolés, auxquels seule la douce et féconde lumière du « soleil de justice » devait bientôt rendre leur arome pénétrant, et leur vivifiante saveur.

L'élément divin, le *quid divinum* manquait, en effet, à cette théorie quelque peu terre à terre; on y regrette ces grandes envolées de l'âme, passant par-dessus le simple honnête pour atteindre le pur, l'absolu sacrifice de soi au profit de l'homme par amour de Dieu. C'est là l'*excelsior* du vrai moraliste, c'est-à-dire la perfection, je devrais dire, pour encourager le vulgaire des âmes, la céleste beauté du devoir chrétien.

Il nous plaît de gagner ces hauteurs à la suite du noble et doux théoricien des *Doveri*, que nous avons dit vouloir comparer avec l'illustre Romain dont nous venons d'analyser l'œuvre.

EXPOSÉ

DES

IDÉES DE SILVIO PELLICO

VANT d'être moraliste, Silvio Pellico fut poète, l'un des plus grands de l'Italie contemporaine. Patriote dévoué dans le sens raisonnable et généreux de ce mot si mal compris de nos jours, il en exprima les fiers sentiments dans les plus beaux vers qu'ait jamais produits la muse italienne. Il est juste de les rappeler ici, car c'est une des plus nobles manifestations de ce devoir patriotique, dont il se plut à si bien parler plus tard dans l'opuscule qui va nous occuper. C'est dans la bouche du Paolo de sa *Francesca da Rimini* qu'il les place :

Revenant de guerres lointaines, son héros s'écrie :
« Pourquoi mon épée s'est-elle teinte de sang ? Pour
» l'étranger. Et n'ai-je donc point une patrie pour qui
» soit sacré le sang de ses citoyens ?.... Pour toi,
» pour toi, mère des preux, ô mon Italie, je combat-
» trai si l'envie te faisait outrage. N'es-tu pas la plus
» noble des terres qu'échauffe le soleil ? N'es-tu pas
» la mère de tous les beaux-arts, ô Italie ! La pous-
» sière des héros n'est-elle pas ta poussière ? Mes
» aïeux te doivent et valeur et puissance, et tu ren-
» fermes ce que j'ai de plus cher (1). »

Alors la patrie italienne frémissait impatiente du

---

(1)   Per chi di stragi si macchio il mio brando ?
       Per lo straniero. E non ho patria forse
       Cui sacro sia de' cittadini il sangue ?
       Per te, per te, che cittadini hai prodi,
       Italia mia, combattero, se oltraggio
       Ti movera la invidia. E il piu gentile
       Terren non sei di quanti scalda il sole ?
       D' ogni bell' arte non sei madre, o Italia ?
       Polve d' eroi non e la polve tua ?
       Agli avi miei tu valor desti e seggio,
       E tutto quanto ho di più caro alberghi !
                 Francesca da Rimini, att. I°, sc. v.

joug de l'étranger. Impliqué inconsciemment dans des
complots, poursuivi et condamné pour crime.... de
non-révélation, il dut subir, par une longue détention
sous les plombs de Venise et au Spielberg, les contre-
coups de hautes mais compromettantes amitiés. La
littérature y gagna un chef-d'œuvre, *Le mie prigioni*,
et cet admirable petit livre des *Doveri*, dont on peut
dire ce que Lamartine, son glorieux contemporain,
disait si poétiquement de l'*Imitation de Jésus-Christ :*

> Livre obscur et sans nom, simple vase d'argile,
> Mais rempli jusqu'aux bords des sucs de l'Evangile.

Oui, ce Devoir, dont nous avons vu plus haut jaillir
la notion radicale des révélations mêmes du langage,
Silvio Pellico en a formulé la charte complète, aidé
d'une révélation plus haute encore.

L'œuvre du philosophe païen que nous venons de
résumer est sans doute belle et pure dans son ensemble; mais elle laisse fort à désirer au point de
vue de la précision et de la certitude des résultats. Il
faut, en effet, à la conscience quelque chose de plus
que du probable pour croire d'une foi effective au

principe vivant et personnel de la morale, au souverain bien, à Dieu, en un mot ; et l'ardente aspiration au bonheur, qui est le fond de notre nature, exige une pleine assurance pour qu'on sacrifie souvent le bonheur présent aux rigides exigences du devoir.

À y regarder de près, il n'y a dans le fond du vrai droit que le droit divin. En vertu de la loi d'unité, tous les autres découlent de celui-là et y retournent. Et qui donc, après les effacements de cette loi naturelle des devoirs inscrite primitivement au cœur de l'homme, en restituera la formule certaine, si ce n'est la loi de la société divine et humaine, dont le Christ est tout à la fois le Dieu, le prêtre et la victime ?

C'est à cette source supérieure qu'a surtout puisé Silvio Pellico. Pendant que l'antagoniste que nous lui avons donné se cantonne tristement dans les quatre vertus que la morale chrétienne, comme la païenne, reconnaît pour base de tous les actes honnêtes de l'homme, le grand poète chrétien, s'élevant d'un vol plus fier, ouvre aux tendances de l'âme humaine les perspectives infinies de la vie divine elle-même.

Nous semblons conclure, il est vrai, même avant d'avoir comparé. Mais quoi d'étrange à cela, puisqu'au lieu de nous attarder en chemin, nous allons marcher directement, avec l'auteur des *Doveri*, au but nécessaire de toute vie morale, de tout être, à savoir au principe de tout ordre et par conséquent de tout devoir.

Il ne s'agit donc plus ici de ces recherches savantes qui exerçaient la subtilité prétentieuse des philosophes anciens. C'est un exposé simple et pratique d'une règle morale, se manifestant à l'homme à la double et victorieuse clarté de la raison et de la foi. On se sent, avec Silvio Pellico, sur la terre ferme de la conscience ; car c'est moins un simple philosophe qui dogmatise, qu'un chrétien qui raisonne, en rappelant d'augustes enseignements.

Cela a dû nécessiter un ordre de matières successivement déduit de l'évolution des divers âges de la vie, déroulant ainsi cette interminable chaîne de devoirs, qui, du berceau à la tombe, maintient ou rétablit la vie de l'homme dans sa dignité morale, sous le regard d'un Dieu juste et miséricordieux.

L'idée du devoir, dit en commençant notre auteur, est invinciblement attachée à notre être. La conscience au dedans, au dehors l'harmonie du monde, tout nous révèle cette loi de notre destinée et la sagesse de Celui qui est la cause et la fin de tout être et de toute chose. Si, dans le moment de la passion, nous sommes tentés de considérer comme notre bien ce qui est opposé au bien d'autrui et à l'ordre, nous ne pouvons nous le persuader ; « la conscience, dit-il, » crie que non ; et, passé ce moment de fièvre, tout » ce qui s'oppose à ce bien d'autrui ou à cet ordre » nous fait horreur.

» L'accomplissement du devoir se confond telle-» ment avec notre bien, que la douleur et la mort » même, qui semblent être notre plus grand mal, se » changent en une sorte de volupté chez l'homme gé-» néreux qui les encourt pour aider le prochain ou se » conformer aux adorables desseins du Tout-Puis-» sant. »

Ainsi l'idée du Devoir, pour l'homme qui est ce qu'il doit être, ne se distingue pas de l'idée de sa véritable félicité. La religion exprime *sublimement,* dit-il, cette vérité quand elle nous affirme que l'homme est créé à l'image de Dieu, et que, pour se montrer digne de cette glorieuse ressemblance, il doit s'efforcer d'être bon et de s'élever par la pratique de toutes les vertus à la parfaite unité avec Dieu même.

Mais pour réaliser cette unité sainte, il ne suffit pas de recourir aux belles vertus humaines dont l'auteur romain fait, si disertement du reste, découler toutes ses règles de morale ; il faut, d'après notre Silvio, « l'amour de la vérité et la foi en elle. » Car Dieu est la vérité vivante, et l'amour de la vérité, c'est-à-dire de Dieu, est la force suprême, le nerf invincible du Devoir. Ainsi va l'âme de la force humaine à la force divine pour accomplir tous les devoirs ou y revenir, si elle a eu le malheur de les violer. Quel progrès dans la voie morale !....

Nous voici bien dans un ordre de vertu supérieure. Arrière donc, nous dira le moraliste chrétien, arrière le scepticisme, le pessimisme et le mensonge, ce triple et honteux caractère des époques corrompues !

« Sans force d'âme, dit Pellico, on ne possède aucune
» vertu, on n'accomplit aucun grand devoir. « Et le
christianisme complet, le catholicisme est, à ses yeux,
la source vive de cette force mystérieuse. C'est à la
suite des grands esprits de son temps, d'une élite de
l'humanité de tous les temps, que notre auteur entraîne son lecteur à cette grande école du respect
(l'expression est du protestant Guizot !) qui fait les
vaillants parce qu'elle fait les humbles, parce qu'elle
fait les cœurs qui aiment le Devoir et le Dieu du Devoir.

Le principe de tout devoir envers Dieu comme envers les hommes, c'est donc la *charité,* mot mystique
qui fait peur aux mécréants et qu'ils ont tenté de
remplacer par celui de *philanthropie.* Or, l'auteur des
Doveri leur fait spirituellement remarquer que ce
dernier même ne leur appartient pas; saint Paul s'en
est servi pour exprimer l'amour de l'humanité en
Dieu lui-même : « Quand apparaît, dit l'Apôtre, la
» bonté et la philanthropie du Sauveur, notre Dieu. »
Quelle surprise pour ces beaux esprits si pauvrement
hostiles !

Pour aimer les hommes en Dieu il nous faudra donc, ajoute notre auteur, nous « former de l'homme » un type élevé dans notre pensée et nous efforcer » de lui ressembler. Mais, que dis-je? le type nous » est donné par notre religion; et quelle en est » l'excellence! Celui qu'elle offre à notre imitation est » l'homme fort et doux au souverain degré; l'irré- » conciliable ennemi de l'oppression et de l'hypo- » crisie; le philanthrope, qui tout pardonne, hors la » méchanceté impénitente; celui qui peut se venger et » ne le veut; celui qui se fait le frère des pauvres, et » ne maudit pas les heureux de la terre, pourvu » qu'ils se ressouviennent toujours qu'ils sont les » frères des pauvres; celui qui n'estime pas les » hommes à leur degré de science et de prospérité, » mais aux sentiments de leurs cœurs et à leurs » bonnes actions; celui-là est le seul philosophe en » qui ne se découvre la moindre tache; il est la mani- » festation pleine de Dieu en un être de notre espèce; » c'est l'Homme-Dieu! »

Évidemment, dirons-nous, celui qui regardera l'humanité à travers ce type incomparable la respectera

4

et l'aimera d'un grand amour. L'auteur reprend :
« Autrement en sera-t-il pour celui qui ne verra dans
» l'humanité qu'un troupeau de brutes, rusées et
» sottes, n'ayant d'autre destinée que de se nourrir,
» se reproduire, s'agiter et retourner en poussière,
» n'ayant souci ni de science, ni d'art, ni de justice, ni
» de civilisation, insensible à nos tendances insatiables
» au beau, au bien, au divin. Quelle raison pourrait-il
» avoir de respecter sincèrement l'homme, de l'ai-
» mer, de l'entraîner à la vertu et de se sacrifier pour
» lui ?

   » Pour aimer l'humanité il faut savoir l'admirer,
» sans se scandaliser de ses faiblesses et de ses
» vices. »

Ignorante, ne peut-elle pas s'élever au sommet du
savoir par sa seule raison, et, même en ce simple
état, pratiquer de nobles vertus, le courage, la sympathie, la gratitude, la justice? Ainsi Pellico fait-il la
partie belle à son grand rival.

Quand donc, dit-il, nous lisons de tristes et nombreuses turpitudes dans l'histoire ou que nous en
sommes témoins, si nous sommes tentés de mépri-

ser l'humanité, reportons notre pensée sur « l'un de
» ces grands mortels, qui apparaissent comme de bril-
» lants météores dans l'histoire universelle. » Sans
doute nous ne pouvons nous égaler à ces géants ; mais
nous pouvons toujours assimiler en secret notre âme
à leur âme, nos sentiments à leurs sentiments, nos
humbles efforts à leurs grands efforts.

L'auteur cite à ce sujet un saisissant témoignage :
c'est celui de lord Byron. Cet homme si passionné,
mais, selon lui, si loyal, lui disait que c'était là l'unique
moyen d'échapper à la maladie de la misanthropie.

« Le premier grand homme que je salue, me disait-
» il, c'est toujours Moïse : Moïse, qui relève la tête
» d'un peuple avili, qui le sauve de l'opprobre de
» l'idolâtrie et de la servitude, qui lui donne une loi
» pleine de sagesse, lien admirable entre la religion
» des patriarches et la religion des temps civilisés,
» qui est l'Evangile.

» Les vertus et les institutions de Moïse sont le
» moyen dont s'est servie la Providence pour produire
» parmi ce peuple de grands hommes d'Etat, de gé-
» néreux guerriers, de bons citoyens, d'ardents zéla-

» teurs de la justice, appelés à prédire la chute des
» superbes et des hypocrites et la future civilisation
» de toutes les nations. En méditant sur les grands
» hommes et particulièrement sur Moïse, ajoutait
» Byron, je répète toujours ce vers sublime de Dante :

Che di vederli, in me stesso m' esalto :
Que leur vue m'exalte moi-même,

» et je reprends alors meilleure idée de cette chair
» d'Adam et de l'esprit qui l'anime. »

Byron ne voyait en Moïse que l'homme, qu'eût-il
dit s'il avait su y voir l'agent de Dieu ?

Comme le poëte anglais, Silvio Pellico, passant en
revue l'innombrable foule des hommes qui, dans
toutes les carrières, ont servi la religion, les sciences,
les arts, la patrie, pratiqué obscurément les plus
grandes vertus, en conclut victorieusement qu'une
sainte fraternité lie entre eux tous ces hommes,
« fraternité, répète-t-il, qui les unit à Dieu ! »

Donc il faut estimer l'homme, le voir « poussé vers
» la perfection infinie, appartenant plutôt au monde
» immortel des idées qu'à ces quatre jours où, sem-

» blable aux plantes et aux bêtes, il nous apparaît
» soumis aux lois du monde matériel.... Ses misères,
» ses erreurs même, nous devront émouvoir d'une
» pitié d'autant plus vive que nous nous souvien-
» drons mieux de la grandeur de son être.... Nous
» nous affligerons que le roi des créatures s'avilisse....
» Nous lui tendrons la main pour le relever de la
» fange.... Nous nous réjouirons quand il se ressou-
» viendra de sa dignité, se montrera invincible au
» milieu des douleurs et des opprobres, triomphera
» des plus rudes épreuves, et se rapprochera avec
» toute la glorieuse puissance de sa volonté de son
» type divin. »

Ainsi, Dieu hautement proclamé, l'homme reconnu
sa créature et son semblable, l'Homme-Dieu, Jésus-
Christ, salué comme l'adorable relation personnifiée
de ces deux êtres, la théorie du devoir va découler de
cette trilogie vivante et distincte, comme l'eau pure
découle d'une source supérieure et féconde, sur un
sol avide de s'en pénétrer.

Après l'amour de Dieu, ce principe de tous les devoirs, après l'amour de l'humanité, fille de Dieu, notre philosophe affirme la légitimité de cet amour de la patrie qui associe en une fraternité puissante tous ceux qu'une communauté de race, de langue et de religion a fixés sur un point spécial de la surface du monde. C'est en vain que de prétentieux sophistes s'efforcent de dissoudre ce généreux sentiment dans les généralités d'une philanthropie cosmopolite, aussi pauvre de dévouement patriotique qu'elle est prodigue de phrases pompeuses et vaines. Le patriotisme est la passion des grandes âmes et le ressort premier des plus hautes vertus sociales.

Disons donc avec l'auteur : « L'amour de la patrie,
» qu'il s'applique à un grand ou à un petit pays, est
» toujours un sentiment noble. Il n'y a pas jusqu'à la
» moindre partie d'une nation qui n'ait ses propres
» gloires, ses princes qui lui donnèrent sa puissance
» relative plus ou moins considérable, ses faits histo-
» riques dignes de mémoire, ses bonnes institutions,
» ses cités importantes, une certaine empreinte do-
» minante dans le caractère, des hommes illustres

» par leur courage, leur habileté dans la politique, les
» arts et les sciences : ce sont là pour chacun des rai-
» sons d'aimer avec une certaine prédilection la pro-
» vince natale, la cité natale, le bourg natal. »

Mais cet amour pour la patrie, grande ou petite, ne
saurait être une haine étroite, jalouse et féroce pour
le reste du monde. C'était là le caractère du patriotisme antique, traitant de *barbare* tout ce qui n'était
pas grec ou romain. Bien loin d'être alors une vertu,
c'était un vice, un crime de lèse-humanité.

Aussi le vrai patriote, à ses yeux, est-il celui qui
travaille à donner en sa personne à la patrie un par-
fait citoyen, ami de la religion et des bonnes mœurs.
« Si un homme, ajoute-t-il, insulte aux autels, à la
» sainteté conjugale, à la pudeur, à la probité, et qu'il
» crie : Patrie, patrie! ne le crois pas. C'est un hypo-
» crite de patriotisme, c'est un mauvais citoyen. »

Puis il trace d'une main ferme les nombreux devoirs de cet ordre : ni servilité ni arrogance envers le
pouvoir; dévouement éprouvé au service public; sincère correspondance aux intérêts généraux jusque
dans la vie privée; réforme des abus dont toute so-

ciété peut être affectée, mais non par ces moyens de
violence, toujours pires que les abus les plus graves ;
opposition par conséquent à toutes les dissensions civiles ; modération de paroles ; esprit de paix ; âme
d'agneau, à moins que la patrie ne fasse appel aux
bras de ses enfants ; alors l'agneau deviendra lion
pour combattre, vaincre ou mourir pour elle.

Après les devoirs religieux et les devoirs patrio-
tiques, c'est-à-dire les grands devoirs, l'auteur reprend,
si l'on peut ainsi dire, par en bas et par leur base la
plus infime, ces devoirs naturels et de famille, qui de
degré en degré feront marcher l'homme dans l'âpre
chemin de la vie morale, en lui départant les joies
viriles des difficultés vaincues, les forces du relève-
ment et les fiers triomphes de la volonté.

Commençant par le premier de ces devoirs dans
l'ordre du temps et de la nature, notre auteur intitule
simplement son chapitre : Amour filial. N'est-ce pas,
en effet, un *amour* plutôt qu'un *devoir* ? Il l'expose,

l'analyse et le célèbre en homme qui en a connu et
mérité toutes les joies. Qu'on lise, pour s'en con-
vaincre, sa charmante correspondance intime. Jamais
plus belle âme, plus tendre, n'a mieux pratiqué ce
premier culte du cœur ! Aussi, le met-il à la base de
tous les autres devoirs sociaux ; et dès lors, comme il
en recommande l'entretien dans l'âme par tous les
actes d'une reconnaissance continue ; comme il le
veut toujours aussi aimable, aussi prévenant dans la
vie de tous les jours, qu'héroïquement dévoué dans
les circonstances critiques ! « Pour se reposer, ajoute-
» t-il spirituellement, de la noble fatigue d'être bon,
» courtois et généreusement distingué, il n'y a d'autre
» temps que le sommeil. »

A ses yeux, du reste, toute vieillesse est une sorte
de paternité, s'étendant d'abord aux ancêtres dont
nous sortons ; ensuite, par idéalisation, au passé qu'ils
ont élaboré et transmis, et par conséquent à toutes
les traditions dont se compose la puissance intellec-
tuelle et morale, c'est-à-dire la fécondité spirituelle
et matérielle d'un peuple.

Or, l'amour filial, ainsi largement compris et praliqué, ne va point sans le respect le plus profond, disons même le plus aveugle; car les parents, même les meilleurs, n'ont-ils pas leurs défauts? Au fils bien né le devoir sacré de les voiler à ses propres yeux.

Enfin, après avoir résumé ce code de déférence et de vénération, que déduit si bien d'ailleurs dans sa magistrale brièveté notre admirable catéchisme, l'auteur termine sur ce point en réclamant, au nom du seul cœur, pour les tristes vieillards l'ardente sympathie de celui qui leur doit le bienfait de la vie et de l'éducation qui la complète. Il l'en adjure en ces mots si pleins de sympathique et douloureuse prévoyance :
« Qui sait si ces têtes blanchies que tu environnes
» en ce moment de ton amour ne dormiront pas
» bientôt dans la tombe? Ah! tant que tu as le bon-
» heur de les voir, honore-les, multiplie autour de
» ces êtres si chers les consolations pour les souf-
» frances de la vieillesse, qui sont si nombreuses. »

Aux devoirs filiaux succèdent, dans la pensée de l'auteur comme dans l'ordre de la nature, les devoirs fraternels. Fraternité! mot, hélas! le plus employé et le plus profané de la langue sociale! Mais, selon lui, c'est dans la famille que s'en doit faire l'apprentissage; selon nous, que s'en trouve le type naturel et le lien le plus pur.

Sans doute le sang, les ressemblances, les habitudes communes, les communes sympathies, sont l'œuvre inconsciente de la nature dans la fraternité des corps; mais, dans la fraternité des âmes, il faut plus encore. « Les sentiments les plus exquis, dit » très justement notre auteur, ne s'acquièrent pas » sans l'effort d'une volonté persévérante. » Comme en toute chose, en tout art, on n'y devient habile que par le travail : *il studio.* Il veut aussi non moins sagement que l'on se défie du laisser-aller de l'intimité domestique, qui peut porter à négliger les devoirs de courtoisie entre frères.

Et les sœurs? Ah! comme il en parle du cœur et de l'âme! « Leur sexe, dit-il excellemment, est doué » d'une grâce puissante; et, à la faveur de ce don » céleste, elles peuvent rasséréner toute la maison, » en bannir la mauvaise humeur, adoucir les correc-

» tions paternelles ou maternelles. Honore , recom-
» mande-t-il à son jeune lecteur, en elles la suavité
» des vertus féminines. Et parce que la nature les
» a faites plus faibles et plus sensibles que toi, sois
» d'autant plus attentif à les consoler si elles sont
» affligées, à ne pas les affliger toi-même, à leur
» témoigner constamment respect et amour. »

Cherchez cette gracieuse sympathie pour la sœur
dans Cicéron ; vous chercherez en vain. La philosophie
païenne (nous le verrons encore mieux plus bas,
lorsque nous parlerons des devoirs de l'homme envers
la femme) n'a pas le sens de cette aimable délicatesse d'appréciation : la « suavité des vertus féminines » semble lui être étrangère.

En résumé, c'est dans la fraternité familiale, nous
dit-il, que se prépare, que se forme le citoyen. « Que
» le commerce intime de la famille soit donc tout
» beau, tout aimant, tout saint. » Et celui qui en sor-
tira pour entrer dans la vie publique portera certai-
nement, selon lui, dans ce milieu social plus vaste,
mais semblable, « cette même tendance à rechercher
» l'estime, les affections louables et cette foi en la

» vertu, qui sont le fruit d'un continuel exercice d'ho-
» norables sentiments. »

⚜

C'est l'amitié qui la première, en dehors de l'ordre de famille, se présente à l'auteur avec ses doux liens volontaires et ses devoirs si cordialement acceptés. Issue de mystérieuses affinités, elle est une fraternité plus idéale et souvent plus étroite que celle que créent le sang et les intimités naturelles du foyer.

Bienveillance à tous; amitié aux seules âmes qui en sont dignes : ainsi parlent d'accord nos deux auteurs. Mais le second va plus loin dans ses recommandations : « Ne déshonore pas le nom sacré d'ami, » en le donnant à un homme de nulle ou de moindre » vertu. » « Plutôt point que de mauvais; mais » quand tu l'auras trouvé, de grands devoirs te sont » imposés, ils ne sont rien moins que de te rendre » digne d'un tel ami. » Quelques-uns proscrivent l'amitié parce qu'elle risque d'absorber les autres sentiments et de provoquer les jalousies. Mais saint François de Sales, que cite Pellico, combat cette fausse idée. L'aimable saint, en très bon philosophe qu'il était, tout en faisant de sages réserves pour le cloître, défend l'amitié dans le monde comme le soutien et la force de la vie par l'union des cœurs. « Puisque les » méchants, dit-il, s'unissent pour faire le mal, les » bons ne le pourraient-ils donc pour faire le bien ? »

Pour bien accomplir le devoir, il importe de cultiver son esprit et d'acquérir la science ; car c'est se rendre « plus apte à honorer Dieu, la patrie, les pa-» rents, les amis. »

A son avis l'état sauvage, préconisé si ridiculement par un pessimiste du dernier siècle, est la sotte théorie de l'ignorance. La science avec l'orgueil est sans doute un mal, car elle porte à l'égoïsme ; avec l'humilité c'est un bien, car elle porte à aimer, à aimer Dieu, la société, le genre humain.

Mais pour cela il faut s'efforcer d'aller le plus haut possible, les études superficielles ne produisant que des gens médiocres et présomptueux. De plus, on doit se garder de l'exclusivisme, et par là éviter toutes ces jactances réciproques de savants à savants et de poètes à prosateurs. Puérilités que tout cela à ses yeux! Poète, il défend le sentiment poétique ; « car, » bien réglé, au lieu d'affaiblir la raison, en certains » cas, il la renforce.... En toute étude, il recommande » encore la patience de l'analyse et la force de la » synthèse.... : la volonté s'éclaire dans la manière » permise par Dieu, avec hardiesse mais sans arro- » gance. »

Une fois les grandes études terminées, il faut choisir un état. « Chose très grave pour laquelle nos » pères invoquaient l'inspiration divine, l'appel » divin, » la vocation. Aux yeux de Pellico, les voca- tions sont toutes belles, si les devoirs respectifs qu'elles imposent sont bien compris et surtout bien pratiqués ; aucunes ne sont viles, quoi qu'en ait dit le républicain Cicéron. Après avoir passé en revue les plus hautes, notre grand chrétien s'écrie : « Merveil- » leuse chose! tous les états, des plus sublimes à celui » du plus humble artisan, ont leur attrait particulier

» et une *vraie dignité*. Il suffit pour cela de nourrir » en soi les vertus qui sont réclamées par chaque » état. »

Donc ni découragement ni inconstance. « Celui-là » seul qui sait persévérer peut espérer de devenir » quelqu'un de remarquable en sa spécialité, quelle » qu'elle soit. »

Le découragement est, si l'on peut ainsi dire, l'éteignoir de ce feu du devoir qui brûle au fond des nobles âmes : il se compose de mécontentement, de critiques injustes des rivaux heureux, et de fièvres d'ambition impuissante. Ces inquiétudes, nous dit Pellico, sont à repousser énergiquement, car elles font perdre « à celui qui s'en laisse dominer sa part » de félicité sur la terre ; elles le rendent orgueilleux » et ridicule pour l'appréciation surfaite de son propre » mérite et la dépréciation non moins exagérée de » ceux qu'il envie. »

Cette disposition d'esprit, nous la portons souvent dans les choses d'intérêt public. « Sans doute, dit-il, » on peut émettre quelques soupirs sur les injustices » et les abus sociaux ; mais il faut redouter de tomber

» dans cette misanthropie fausse, qui va souvent jus-
» qu'à la soif du sang, la destruction radicale, ce vœu
» féroce et passionné de Satan.

» Se refuser à la réforme des abus sociaux quand elle
» est possible est d'un scélérat ou d'un fou ; mais celui
» qui, en la provoquant devient cruel, est pareillement
» scélérat ou fou, et à un plus haut degré. Sans quié-
» tude d'âme les jugements humains sont d'ordinaire
» faux. Cette quiétude seule, dit-il à son jeune lec-
» teur, te rendra fort dans l'action, juste, indulgent
» et aimable avec tous. »

Que si, malgré ces sages recommandations, l'homme
vient à faillir, qu'il ne recule pas devant la confession
de ses torts et l'humble repentance. L'antiquité a
connu la première ; pour nous, grâce au Christ,
elle est sanctifiée ; et, quant à la seconde, il la faut
prompte ; car « la temporisation enchaîne l'âme au
» mal par le lien le plus fort, et la porte à se mésesti-
» mer. Et malheur alors que l'homme intérieurement
» se mésestime !

» Quand on a offensé le prochain, il faut avoir la
» noble humilité de l'excuse ; s'obstiner, au contraire,

» en venir aux duels ou à des haines éternelles, ce
» sont les sanglantes bouffonneries d'hommes orgueil-
» leux et féroces, des infamies auxquelles on s'efforce
» à tort de donner le nom brillant d'honneur. Il n'y
» a d'honneur que dans la vertu ; et il n'y a de vertu
» qu'à condition de continuellement se repentir du
» mal et de se proposer de s'amender à l'avenir. »

Après avoir réfuté facilement toutes les banales
objections lancées contre le célibat et montré, par
contre, toutes les déplorables conséquences des
unions conjugales imprudemment mal assorties :
cœurs refroidis, séparations et désordres, enfants
spectateurs forcés de ces luttes intestines et plus tard
victimes inévitables de ce défaut d'harmonie dans
leur éducation négligée ou faussée, Pellico conclut
ainsi sur cette grave question : « Une grande partie
» des hommes est appelée au mariage ; mais le célibat
» n'en est pas moins selon la nature.... Quand il est
» choisi pour de sages motifs et qu'il est gardé avec

» austérité, il n'a rien de dégradant et de vil; il
» commande au contraire le respect comme toute
» espèce de sacrifice raisonnable. Fait dans un louable
» but, en dispensant du soin d'une famille, il laisse
» aux uns plus de temps et d'énergie à l'esprit pour
» se consacrer aux hautes sciences ou au sublime
» ministère de la religion; il laisse aux autres plus
» de moyens pour soutenir les familles de parents ou
» d'amis ayant besoin de secours; à d'autres enfin il
» laisse plus de liberté d'affection pour l'étendre en
» bienfaits sur tous les malheureux. »   .

Et cette conclusion est assurément celle de la raison
pratique la plus pure et la plus haute.

C'est, du reste, à propos des relations de l'homme
et de la femme que notre auteur va s'élever d'une incomparable hauteur au-dessus de son illustre émule.
Oui, Cicéron est loin de pousser ce grand cri d'hommage du moraliste chrétien : *Honneur à la femme!*
A peine indique-t-il sa place au foyer; et c'est tout.

Notre Pellico, lui, s'en prend d'abord avec une généreuse indignation au cynisme vil et railleur, « ce génie
de la vulgarité, » dit-il, qui, s'attaquant à toute bonne
chose, sous prétexte d'abus qu'elle occasionne, vili-
pendant sottement et le sacerdoce, et l'instruction
religieuse, et la politique, et l'ordre domestique :
célibat, mariage, paternité, maternité, parenté, amitié,
crie avec une joie infâme : « J'ai découvert que tout
» était égoïsme, imposture, fureur des sens, désaf-
» fection et mépris réciproque. » « Les fruits de
» cette sagesse infernale et menteuse, dit à son tour
» notre auteur, sont précisément l'égoïsme, l'impos-
» ture, la fureur des sens, la désaffection et le mépris
» réciproque. »

Pour lui, vrai fils des chevaliers, il proclame en
l'honneur de la femme « le culte élégant de l'amour,
» et ne tient pour bien élevé que l'homme qui respecte
» le sexe de la mansuétude, des vertus domestiques
» et des grâces.

» Et pourtant, nous dit-il, l'antique adversaire de
» tout noble sentiment et de la femme est entré dans
» le monde. » C'est de lui que relèvent ces soi-disant

philosophes, qui, tout en se prétendant les amis de l'humanité en même temps que les ennemis de la religion, ont provoqué en elle l'ivresse des sens par les œuvres poétiques les plus blâmables, les raisonnements les plus faux, les fictions les plus honteuses.

Tout ce monde de mécréants, célèbres ou obscurs, hommes et même femmes (femmes indignes de leur noble sexe), crie d'un commun accord à celui qui entre dans la vie : *Méprise la femme !* « Quant à toi,
» répond notre auteur, repousse l'infâme tentation,
» ou toi-même, fils de la femme, seras méprisable.
» Éloigne-toi de ceux qui dans la femme n'honorent
» pas leur mère. Foule aux pieds les livres qui la vili-
» pendent en prêchant l'immoralité. Conserve-toi
» digne, par ta noble estime de la dignité féminine,
» de protéger celle qui t'a donné la vie, de protéger
» tes sœurs, de protéger peut-être un jour celle qui
» recevra de toi le titre sacré de mère de tes en-
» fants. »

Qui ne comprendrait pas le respect dû à la femme, l'honneur dont on doit l'entourer, saurait-il comprendre le véritable, le sincère, le saint amour ? L'auteur renferme ce grand devoir dans ce mot aussi sublime que son objet est charmant : *Dignité de l'amour.*

« Tiens-toi, dit-il à son jeune lecteur, le cœur » libre de toute chaîne d'amour, plutôt que de l'as- » servir à une femme de peu de mérite. »

Avec quel pinceau délicat va-t-il esquisser celle qui seule doit charmer son cœur !

Mais s'agit-il ici de cette beauté charnelle, dont la séduction est trop souvent un écueil pour l'âme ? Sans dédaigner ces merveilleux attraits qui sont, ne l'oublions pas, la splendeur de l'œuvre divine, notre auteur a de plus hautes visées. Il entend que cette âme choisie « comprenne excellemment la beauté de » la religion et de l'amour ; qu'elle brûle d'un sincère » amour pour Dieu ; » qu'elle soit « capable d'un » noble enthousiasme pour toute vertu ; » qu'elle soit » l'irréconciliable ennemie de toutes les actions mo- » ralement basses. »

» Que si à de tels mérites elle joint un esprit cul- » tivé, sans aucune prétention de le faire paraître ; si

» encore avec un tel esprit elle est la plus humble des
» femmes ; si toutes ses paroles et toutes ses actions
» respirent la bonté, la simplicité, l'élévation des
» sentiments, la volonté énergique du devoir, le soin
» de n'affliger personne, de consoler l'affligé et de se
» servir de ses charmes pour ennoblir les pensées des
» autres ; si tu la trouves telle, dit-il, alors aime-la
» d'un grand amour, d'un amour digne d'elle.

» Qu'elle te soit comme un ange tutélaire....,
» comme une vive expression du commandement di-
» vin de t'éloigner de toute bassesse et de te porter
» énergiquement à toute action généreuse. Dans tout
» ce que tu entreprendras, songe à mériter son appro-
» bation ; fais en sorte que sa belle âme puisse se ré-
» jouir de t'avoir pour ami ; songe à l'honorer, non
» pas devant les hommes, mais au regard inévitable
» de Dieu. »

Admirer et aimer un tel être ne saurait être une
idolâtrie ; ce sera l'admiration et l'amour de Dieu,
« dans la plus digne, la plus charmante de ses créa-
» tures.

» Les esprits vulgaires, dit-il, tiennent cet amour

» pour une chimère. Déplore cette sagesse triviale.
» De tels amours sont possibles ; ils existent, bien
» que rares, et les hommes devraient dire : ou ceux-ci,
» ou aucuns. »

Où trouver dans l'œuvre de Cicéron une telle conception de la femme, de la matrone romaine ? Il ne parle pas même de ces femmes viriles, qui furent parfois l'honneur, mais non le charme inspirateur, des foyers de la grande république.

Le christianisme seul peut ainsi poétiser l'être auquel le Créateur a donné un si admirable rôle dans la perpétuation de son œuvre ici-bas.

Tout autre sentiment vis-à-vis de la femme est évidemment en dehors de la voie du devoir, et le noble auteur flétrit un tel désordre de ce mot superbe : « C'est l'indigne sacrifice d'un cœur prodigue » devant une vaine idole. » Sans doute il est des femmes qui recouvrent leur légèreté, leurs grâces étudiées, de quelques vertus. Celles-là n'en sont que plus dangereuses, et notre auteur prémunit la jeunesse contre les humiliantes servitudes auxquelles ces Circés la réduisent.

Les vraies amours ne connaissent ni les excès de folle tendresse ni ceux de furieuse jalousie.

Quant aux autres excès, ils sont de la brute, non de l'homme. Le noble poète n'en parle même pas.

❦

Après avoir ainsi traité de la femme et de l'amour, on comprend que le chaste moraliste impose à son lecteur, avec une juste et touchante autorité, le « *Respect aux filles et aux femmes d'autrui.* » C'est avec un tact exquis qu'il plaide pour ces tendres âmes, dont la faiblesse même doit être la sauvegarde la plus sûre auprès des gens de cœur. Quoi de plus délicat que la fleur de leur beauté morale! Quoi de plus respectable que leur innocence, libre ou engagée! Aussi, pour refréner l'emportement ou la fatuité des passions masculines vis-à-vis de ces puissances si désarmées, notre auteur fait-il appel aux sentiments les plus élevés de notre âme, aux plus généreux instincts de notre nature.

Ressentir de l'amour pour une jeune fille ou le lui

inspirer, avec la certitude de ne vouloir ou de ne pouvoir réussir à obtenir sa main avec son cœur, « c'est,
» dit Pellico, la plus criminelle de toutes les vanités. »

« Quant aux femmes mariées, poursuit-il, tout fol
» amour pour l'une d'elles, ou le fol amour de l'une
» d'elles pour toi, pourrait vous entraîner dans de
» grands malheurs et vous envelopper d'une grande
» ignominie. Tu y perdrais, il est vrai, moins qu'elle ;
» mais cependant, en pensant combien perd une
» femme qui s'expose à mériter le mépris de son
» mari et d'elle-même, si tu es généreux, tremble du
» péril qu'elle court ; ne la laisse pas s'exposer un ins-
» tant, et sacrifie un amour que Dieu et les lois con-
» damnent. Ton cœur et celui de la femme aimée
» saigneront, arrachés ainsi l'un à l'autre, mais peu
» importe. La vertu vit de sacrifices. Qui ne sait les
» accomplir est une âme vile. »

Après les admirables pages qui précèdent, on peut
prévoir, rédiger même celle qui va suivre :

« Si l'inclination de ton cœur et les convenances te
» portent au mariage, marche à l'autel avec de saintes
» pensées, avec la sincère résolution de rendre heureuse

» celle qui te confie le soin de ses jours, celle qui dé-
» pose le nom de ses pères pour prendre le tien,
» celle qui te préfère à tout ce qui jusqu'alors lui fut
» cher, et qui espère par toi donner l'être à de nou-
» velles créatures intelligentes, appelées à posséder
» Dieu. »

Il semble que nous soyons avec lui à la porte du
paradis humain.

Et pourtant, soit légèreté dans ce choix, soit « faci-
lité à dévier de la route de la vertu, » nombreux sont
les mariages qui ne donnent pas aux cœurs ce qu'aux
cœurs ils promettent. A qui donc la responsabilité de
ces ruptures du plus sacré des liens après celui des
autels? D'abord à ce défaut de caractère qui, dans l'un
comme dans l'autre des époux, neutralise les serments
et les courages en face de nombreuses occasions de
dissidence que ramènent incessamment les rapports
nécessaires de la vie commune; en second lieu, aux
torts du plus fort vis-à-vis du plus faible des deux.
Ecoutons notre aimable moraliste : « L'âme de la
» femme est naturellement douce, reconnaissante,
» portée à aimer d'un souverain amour l'homme qui

» est constant dans le sien pour elle et qui aspire tou-
» jours à mériter son estime ; mais parce qu'elle est
» en même temps d'une sensibilité exquise, elle s'in-
» digne facilement du peu d'amabilité de son mari et
» des défauts qui peuvent le dégrader. »

Or, cette indignation, jusqu'où pourra-t-elle pousser
l'infortunée, moins coupable assurément que son coupable époux ? « Malheur alors, dit Pellico, si sa vertu
» n'était pas à toute épreuve, et qu'un autre homme
» vînt à lui plaire ! Son cœur si mal apprécié !.... si
» mal défendu des séductions étrangères, pourrait de-
» venir la proie d'une passion coupable, d'une passion
» funeste à la paix de son âme, à la tienne, à celle de
» tes enfants.

» Beaucoup de maris sont dans cette douloureuse
» position, et les femmes qu'ils maudissent étaient
» vertueuses ; les infortunées s'écartèrent du sentier
» étroit de la vertu parce qu'elles n'étaient pas ai-
» mées. »

Mais la famille, ce germe sacré de la patrie et de
l'humanité, n'existe encore que dans ses deux élé-

ments premiers. L'auteur en complète la notion
en ces termes d'une ampleur vraiment divine et humaine :

« Donner de bons citoyens à la patrie, et à Dieu lui-
» même des créatures intelligentes et dignes de lui,
» tel sera ton devoir, dit-il à son jeune adepte. Devoir
» sublime! ajoute-t-il. Celui qui l'assume et le trahit
» est le plus grand ennemi de la patrie et de Dieu. »

Selon lui, du reste, un bon fils et un bon mari sera
nécessairement un bon père.

S'il a des enfants, il leur transmettra par ses enseignements et son exemple le patrimoine de sagesse,
de vertus et de bonne volonté qu'il tient lui-même
de ses ancêtres. S'il n'en a pas, il devra revêtir ce
noble caractère de la paternité vis-à-vis de tous les
enfants, et l'exercer dans la juste mesure d'une tendre
et universelle sympathie. Une douce réciprocité l'en
récompensera : la jeunesse aime qui l'aime, et se fa-
çonne volontiers sur ceux qui lui manifestent un bien-
veillant intérêt.

Mais aussi à cet intérêt faut-il unir le respect. Les
anciens l'ont recommandé; et le Christ, ce tendre

ami de l'enfance, l'a intimé en des termes à faire trembler les violateurs de cette grande loi.

Issu lui-même des fortes et douces mœurs d'une famille saintement chrétienne, pieusement fidèle aux pratiques de ce noble foyer, l'illustre poète n'avait pas eu, comme nous, la douleur d'assister à l'orgie de despotisme impie qu'accomplit, en nos tristes jours, une bande de mécréants, au nom profané de la liberté. Il n'a donc pas même songé à démontrer les droits du père à l'endroit de son enfant ; il se borne à affirmer les devoirs dont le père est si évidemment investi par Dieu et par la nature.

❁

Après les devoirs qui résultent de l'état de la personne, l'auteur traite de ceux que lui imposent les choses elles-mêmes.

Quels sont les devoirs de l'homme riche ? Toute la question sociale se résume en ces mots. Lacordaire, avec cette originalité de forme qui était le propre caractère de son talent, disait dans un de ses sermons de charité : *L'or est ange ou démon,* suivant l'usage qu'en fait celui qui le possède. Assurément la richesse doit être possédée et non possédante ; et l'homme riche ne doit avoir d'autre désir que d'employer cet or à secourir et aider ses semblables. « Honneur à toutes les conditions honnêtes, et par » conséquent aux riches, pourvu que leur prospérité » déborde sur le grand nombre des malheureux, » pourvu que leurs joies et leur faste ne les rendent » pas paresseux et orgueilleux. »

Savoir être content dans une existence modeste est évidemment d'un sage. Tous les moralistes l'ont dit. Ainsi parle aussi Pellico ; puis, en homme de notre temps, il ajoute : « Ne te laisse pas envahir par cette » ignoble haine qui dévore souvent les gens moins » riches et les pauvres, à l'aspect de gens plus » riches qu'eux. C'est une haine qui a coutume de » revêtir la gravité du langage philosophique. Ce sont » d'ardentes déclamations contre le luxe et l'injustice » des fortunes disproportionnées, contre l'arrogance » des heureux et des puissants ; c'est en apparence

» une soif généreuse d'égalité, d'adoucissement des
» misères humaines. Que tous ces vains discours ne
» t'illusionnent pas.... quoiqu'il t'arrive de les lire
» dans les écrits de cent pédants éloquents, achetant
» par le tribut de leurs adulations mercenaires les
» applaudissements de la foule intéressée. Dans ces
» colères menteuses il y a plus d'envie, d'ignorance
» et de calomnie que de zèle pour la justice.

» L'inégalité des fortunes est chose inévitable, et
» le bien en découle comme le mal. » Nous l'avons vu,
Cicéron, qui pense de même, n'en a pas si bien parlé.

Nous ajouterons, nous, qu'en bonne philosophie,
cette inégalité est la conséquence assez logique de la
jouissance légitime, mais différemment entendue, du
premier de tous les biens, de la plus précieuse des
fortunes, la liberté.

L'auteur développe très bien l'utilité sociale de cet
ordre de choses qui favorise toutes les générosités des
âmes; et il prodigue à son lecteur les plus sages conseils de charité et de cette *pauvreté d'esprit* évangé-
lique, si sottement traduite par le bouffon lettré du
XVIIIe siècle dans un de ses accès de scurrilité impie ;

il le prémunit enfin contre l'instabilité de la fortune, en le fortifiant, dans cette extrémité possible des choses, par les sentiments chrétiens et même simplement moraux, c'est-à-dire « une noble humilité, une » stricte économie, une invincible patience dans le » travail, une aimable sérénité d'âme sous les coups » insultants de l'adversité. »

Respecter le malheur en le soulageant, tel est le double et doux devoir qu'impose la richesse. C'est avec une pieuse délicatesse que notre auteur touche à cette plaie, hélas! toujours saignante de la pauvre humanité. Nul n'a mieux compris la dignité de cet être que le paganisme avait fait descendre au rang de vil esclave. A quelle distance sommes-nous de l'ergastule et de la négation de tous les droits civils! Ce n'est même point assez de respecter le pauvre et de l'aider, il faut l'aimer; car le Christ a dit : C'est à moi que vous l'avez fait : *mihi fecistis.* Cette loi du monde chrétien est admirablement exposée et interprétée par notre auteur. Cicéron est ici plus que vaincu. C'est que la philanthropie de son rival est doublée de charité, c'est-à-dire d'amour,

Suivent alors les sages conseils qui faciliteront l'accomplissement de tous les devoirs plus haut formulés. Le premier a pour objet l'*estime du savoir*, le zèle pour l'acquérir, non point dans un but de satisfaction oisive ou de gloire égoïste, mais dans le noble espoir d'augmenter ses lumières au point de vue du Devoir, et de les répandre sur ceux qu'une condition moins heureuse a privés de cet inestimable avantage. Que cette diffusion se fasse, du reste, avec une prudence, un tact particuliers et la crainte d'échauffer les ignorants des classes inférieures avec « ces fréné- » tiques et sottes rêveries d'anarchie ou de gouver- » nement plébéien. » On devra, au contraire, en leur faisant comprendre la nécessité, inévitable dans l'ordre libre, des inégalités sociales et, par là, des relations morales voulues par la Providence, leur « enseigner à » exercer avec une religieuse dignité les obscurs mais » utiles et estimables emplois auxquels cette Provi- » dence les a appelés. »

Sans doute les grandes connaissances sont bonnes,

mais ce qui, en définitive, est le plus précieux dans l'homme, c'est la vertu ; et heureusement elle est susceptible de s'allier avec l'ignorance, tandis que le savoir a souvent pour écueil à redouter, l'orgueil.

La bienveillance est aussi un devoir : « en te gratifiant de manières aimables, elle te disposera véritablement à aimer. » Et l'amour n'est-il pas le plus fort des liens sociaux ? Les bonnes paroles, la courtoisie, attirent les hommes au bien, tandis que les grossièretés, les brutalités de langage repoussent jusqu'aux meilleures intentions. Tout dans l'homme bien élevé doit tendre au bien du prochain, et par conséquent au bien général de la société, soit en charmant les honnêtes gens, soit en attirant au bien ceux qui pourraient en être le plus éloignés.

N'en est-il pas de même de la reconnaissance ? Cette vertu des nobles cœurs n'est-elle pas le devoir le plus séduisant à accomplir ? Est-ce même un devoir ? « L'ingrat, nous dit Pellico, est une âme vile. » Pour ne pas tomber dans cette bassesse, il ne suffit

» pas que la reconnaissance ne soit pas en défaut, il
» faut qu'elle abonde.... La gratitude est l'âme de la
» religion, de l'amour filial, de l'amour pour ceux qui
» nous aiment, de l'amour pour la société humaine,
» de laquelle nous recevons tant de protection et
» d'agrément. En nourrissant en nous la gratitude
» pour tous les biens que nous tenons de Dieu et
» des hommes, nous acquérons plus de force et de
» paix pour supporter les maux de la vie, plus
» de dispositions à l'indulgence et à cette compa-
» tissance, qui nous portent à venir en aide à nos sem-
» blables. »

Enfin l'humilité est un des grands agents du Devoir,
en sauvegardant l'homme des infatuations de l'orgueil;
la mansuétude, en gagnant les cœurs au profit de la
justice et de la bonté; le pardon, en élevant l'homme
au-dessus de lui-même par cette victoire intime que
lui commande le Sauveur. « En pardonnant une in-
» jure, on peut changer un ennemi en ami, un méchant
» en homme réductible aux nobles sentiments. Oh!
» que ce pacifique triomphe est beau et consolant!

» Combien il dépasse en sublimité toutes les horribles
» victoires de la vengeance! »

⁂

L'exposé des devoirs est complet ; complets sont les
conseils pour les bien accomplir. L'auteur alors jette
à son jeune lecteur ce noble cri : « Courage! Sans
» cette condition il n'y a point de vertu. Courage
» pour vaincre ton égoïsme et devenir bienfaisant ;
» courage pour vaincre ta paresse et progresser dans
» toutes les nobles études; courage pour défendre la
» patrie et protéger en toute rencontre tes semblables ;
» courage pour résister aux mauvais exemples et aux
» injustes railleries; courage pour supporter les ma-
» ladies, les souffrances et les angoisses de toute sorte
» sans proférer de lâches plaintes; courage pour
» aspirer à une perfection qu'il ne nous est pas
» possible d'atteindre sur la terre, mais vers la-
» quelle nous devons graviter, selon le sens sublime
» de l'Evangile, à peine de déchoir de toute no-
» blesse. »

6

Selon Pellico, tout : patrimoine, honneur, la vie même, doit être sacrifié au devoir. Sans cela, point de héros; peut-être un monstre; et, parlant ainsi, du reste, il imite son illustre rival, qui nous a dit : « Celui-là ne peut être juste, qui redoute la mort, la » douleur, l'exil, la pauvreté, ou qui préfère le con- » traire de toutes ces choses à l'équité. »

Le courage est, en effet, le ressort intime de l'âme, par l'impulsion duquel elle s'élance au Devoir. Sans lui nous ne pouvons ni vivre ni mourir dignement. Faudra-il donc renoncer à ces sentiments de dou- ceur qui font aimer la vertu? Loin de là; ce serait méconnaître la fin pour laquelle Dieu nous a départi la force de la volonté. Le vrai courage n'est ni vani- teux, ni blessant pour autrui ; il agit avec simplicité et grandeur, ne raillant ni les faibles, ni les crain- tifs ; il laisse ces impertinences aux faux braves, qui, le danger survenant, sont les premiers à se dérober et à fuir.

Notre admirable moraliste termine son travail par un bel acte de modestie. Il n'a voulu faire, dit-il, qu'un simple manuel, qui rappelât en peu de mots à son jeune lecteur toutes les obligations morales dont l'accomplissement doit honorer sa vie. Et il ajoute : « Que le poids de ces obligations ne nous épouvante » pas. Le paresseux seul peut le trouver insuppor- » table. Soyons de bonne volonté; et dans chaque » devoir accompli nous découvrirons une mystérieuse » beauté qui nous invitera à l'aimer. Nous sentirons » l'influence d'une puissance admirable qui augmen- » tera nos forces à mesure que nous gravirons le » sentier ardu de la vertu; nous trouverons que » l'homme est de beaucoup au-dessus de ce qu'il » semble être, pourvu qu'il veuille, et qu'il veuille » généreusement, hardiment, atteindre le but supé- » rieur de sa destination, — qui est de se purifier de » toute vile tendance, de cultiver au plus haut degré » les vertus les plus hautes et de s'élever par ce moyen » à la possession immortelle de Dieu. »

Il conclut donc qu'il faut aimer aussi la vie.... « parce que c'est la lice du combat des grands cœurs : » combat précieux aux yeux du Tout-Puissant, » glorieux pour Lui, glorieux et nécessaire pour nous.

Il faut l'aimer, « malgré ses douleurs et même
» pour ses douleurs, parce que ce sont elles qui l'en-
» noblissent et fécondent dans l'âme de l'homme les
» généreuses pensées et les vouloirs généreux. »

Mais il faut se souvenir qu'elle ne nous est donnée
que pour peu de temps, et qu'au lieu de la dissiper
en vains divertissements, il la faut employer en œuvres
utiles de fraternel amour envers les hommes et
d'amour filial envers Dieu.

Enfin, en aimant ainsi la vie, il faut songer à
la tombe. « Se dissimuler la nécessité de mourir est,
» dit l'auteur, une faiblesse qui diminue le zèle du
» Bien. Tu n'avanceras pas ce moment solennel,
» mais tu ne l'éloigneras pas non plus par bassesse.
» Expose-la pour le salut d'autrui, s'il le faut, et sur-
» tout pour le salut de ta patrie. Quel que soit le
» genre de mort qui t'attende, sois disposé à la rece-
» voir avec une dignité fière et à la sanctifier avec
» toute la sérénité et l'énergie de la foi. »

Tel, selon le noble et doux poète, sera l'homme et
le citoyen, dans le sens élevé attaché à ces paroles;

car, incontestablement utile à la société, il sera en même temps l'artisan de son propre et véritable bonheur.

❧

Après ce double exposé, à regret trop concis, que resterait-il à dire au juge de cette lutte courtoise? Pressé par l'évidence, n'avons-nous pas, dans le cours de ce travail, déjà mis suffisamment en lumière les rapports et les dissemblances des deux morales, par nous très sincèrement, très impartialement analysées?

Il nous semble donc que nous n'avons plus qu'à les apprécier d'ensemble et au seul point de vue des mobiles qui ont ému et fait dogmatiser nos deux auteurs. Car la morale, cette science du cœur et de l'âme, a sa logique comme toutes les sciences; et plus son point de départ est pris de haut, plus le devoir qu'elle impose est généreux, noble et pur. Le devoir a donc pour point de départ des vertus quelconques, c'est-à-dire des forces d'âme qui commandent l'effort moral. A l'homme de rechercher les plus hautes et d'en faire découler comme de leurs sources vives tous les de-

6*

voirs qui le feront tendre à sa fin, c'est-à-dire « à la possession immortelle de Dieu. »

Or, quel a été le point de départ de l'un et de l'autre? Quels sont leurs moyens?.... Cela peut être rappelé en peu de mots.

Le premier, Cicéron, scrutant à l'aide de sa raison naturelle les motifs réels des actes humains, en est arrivé sans peine à constater que toutes les règles du Devoir découlent, comme des conclusions inéluctables, des vertus sociales suivantes : la Prudence, la Justice, la Force et la Tempérance.

Ce sont les quatre puissances qui garantissent l'inviolabilité de la conscience humaine et la font assez noblement progresser de l'honnête à l'héroïque.

Le second, Pellico, déjà en possession, par sa raison, de ces quatre puissants leviers de moralité humaine, s'élevant par sa foi au-dessus de ce que nous pouvons appeler l'ordre moral humain, initie l'homme à l'ordre moral divin à l'aide des trois grandes vertus, qui n'ont pas l'homme, mais Dieu même pour objet, et le font progresser ardemment, non seulement de l'honnêté à l'héroïsme, mais de l'héroïsme à la sainteté.

Le mobile du premier, c'étaient donc exclusivement les vertus morales que nous venons de nommer; celui du second, c'étaient ces mêmes vertus que le Christianisme a baptisées *cardinales*, comme pour en faire le pivot complexe sur lequel se meut toute la moralité humaine, en y ajoutant ces trois vertus qu'il a nommées *théologales*, c'est-à-dire celles qui ont pour objet le grand Dieu du devoir cru, espéré, aimé !

Les quatre premières appartenaient au monde païen comme plus tard au monde chrétien. La source seule de ces vertus diffère : c'était la simple mais droite raison pour les païennes; c'est la grâce, don de Dieu, pour les chrétiennes.

Qui ne voit la supériorité de notre morale, si puissamment éclairée et stimulée? Elle a, en effet, pour principe l'amour; et l'amour a pour moyen suprême et volontaire le sacrifice, c'est-à-dire le sublime du Devoir.

Le devoir antique, rappelons-le, se résumait dans les trois règles citées plus haut : *vivre honnêtement, ne point nuire à autrui, et rendre à chacun ce qui lui est dû.* Il n'y a rien là que de très juste, mais de très humain ; car tout cela n'a trait qu'au bien terrestre et non au souverain Bien.

Le devoir chrétien, au contraire, qui se résume dans l'amour de Dieu et des hommes en Dieu, et qui s'accomplit par le sacrifice à l'un comme aux autres, est empreint d'une telle beauté, que dans son admirable excès il échappe à l'ordre moral présent, et va nécessairement chercher sa divine jouissance et sa rémunération divine dans le monde de la beauté souveraine et du souverain amour.

N'est-ce pas aussi de ce sentiment généreux et puissant du Devoir chrétien que procède cette suavité chevaleresque de mœurs qui réhabilite, qui rehausse si noblement le sexe auquel l'homme doit le charme et l'honneur de sa vie, et que l'antiquité païenne n'avait su ni apprécier ni honorer dignement ?

Enfin, même arithmétiquement parlant, ne pourrait-on vraiment dire : Cicéron, pour l'accomplissement du Devoir, n'avait que quatre énergies morales à son service ; Silvio Pellico en a sept, dont trois, à elles seules, valent certes mieux que les quatre autres ?

❀

Que si, de plus, l'on pénétrait dans le milieu sacré des *forces* spirituelles que le Christianisme complet met à la portée du croyant sincère par tous ses sacrements, divins arsenaux de l'âme, et particulièrement celui de la *Pénitence*, qui relève l'homme tombé, et celui de l'*Eucharistie*, qui transforme cet homme en Dieu même, on comprendrait mieux encore que la nature humaine, ainsi *fortifiée*, s'élevât avec entraînement, avec l'ardente sérénité du sacrifice, au plus splendide accomplissement du Devoir ; c'est là surtout le secret de ces dévouements que rien n'effraie, ni les périls du champ de bataille, ni les contagions des hôpitaux, pas même le martyre.

Mais ceci dépasse les bornes plus étroites de notre sujet et, bien qu'évidemment inclus dans la pensée de l'auteur des *Doveri*, appartient plutôt à la pratique des choses saintes et des moyens directement fournis par Dieu à l'homme de bonne volonté pour marcher, pour se relever et marcher plus résolument et plus sûrement encore dans la voie rude mais glorieuse de la sanctification.

❧

P.-S. — A quel point j'étais indigne de parler de cette grande chose, *le Devoir*, Dieu le sait. Puisse cependant ce très humble hommage le disposer à prendre en pitié mon âme !

BESANÇON. — IMPR. ET STÉRÉOT. DE PAUL JACQUIN.

www.ingramcontent.com/pod-product-compliance
Lightning Source LLC
Chambersburg PA
CBHW060630100426
42744CB00008B/1566